教育部人文社会科学重点研究基地
Key Research Institute of Humanities and Social Sciences at Universities

Global Chinese Review

海外华人研究

（第六辑）

暨南大学华侨华人研究院　编

暨南大学出版社
JINAN UNIVERSITY PRESS

中国·广州

图书在版编目（CIP）数据

海外华人研究 . 第六辑 /暨南大学华侨华人研究院编 . —广州：暨南大学出版
社，2022.6
ISBN 978 - 7 - 5668 - 3462 - 1

Ⅰ. ①海… Ⅱ. ①暨… Ⅲ. ①华人—研究—世界 Ⅳ. ①D634.3

中国版本图书馆 CIP 数据核字（2022）第 128375 号

海外华人研究（第六辑）
HAIWAI HUAREN YANJIU（DI-LIU JI）
编　　者：暨南大学华侨华人研究院

- -

出 版 人：张晋升
策　　划：黄圣英
责任编辑：詹建林
责任校对：孙劭贤
责任印制：周一丹　郑玉婷

出版发行：暨南大学出版社（511443）
电　　话：总编室（8620）37332601
　　　　　营销部（8620）37332680　37332681　37332682　37332683
传　　真：（8620）37332660（办公室）　　37332684（营销部）
网　　址：http://www.jnupress.com
排　　版：广州市天河星辰文化发展部照排中心
印　　刷：佛山市浩文彩色印刷有限公司
开　　本：787mm×960mm　1/16
印　　张：9
字　　数：156 千
版　　次：2022 年 6 月第 1 版
印　　次：2022 年 6 月第 1 次
定　　价：45.00 元

（暨大版图书如有印装质量问题，请与出版社总编室联系调换）

前　言

　　《海外华人研究》是由暨南大学教育部人文社会科学重点研究基地——华侨华人研究院组织编写的专业学术出版物，编委会始终强调《海外华人研究》的"世界性"和多学科性，研究涵盖华侨、华人、华侨华人与中国关系等相关的研究领域。论文作者来自全球不同国家，旨在为海内外的专家学者提供一个更广阔的学术交流平台。

　　《海外华人研究》收录精选具有原创性、严谨性的学术论文和书评，包括：从社会学、人类学、政治学、历史学、经济学、地理学、人口学等多学科的视角对当代海外华人问题进行研究探讨；涉及海外华人社会、民族、宗教、妇女问题，华人家庭代际关系，华人饮食习惯，华商以及华人政治参与等不同主题；从当代海外华侨华人与中国关系的视角来研究侨乡、中国侨务政策等方面的文章。此外，也会针对特定的主题出版。

　　《海外华人研究（第六辑）》共包括六篇论文、两篇书评。在论文部分，马来亚大学中文系荣休副教授祝家丰探讨了在马来西亚城市化背景下，乡村华小日渐减少和微型化，为了维系华人教育，华小的董事部和家教协会扮演着重要的角色。新加坡国立大学历史系助理教授谢明达以厦门南普陀寺为例，解读了20世纪初至1949年间华侨华人与中国之间的跨区域佛教联系。通过分析南海佛教网络，解释了现代佛教思想在东南亚的兴起。加拿大约克大学语言、文学与语言学系教授石晓宁聚焦于民国元年（1912）后北美侨社内部的党争，探究美洲洪门致公堂组党的原因、政治主张及组织发展。北京工业大学文法学部讲师张龙龙运用生命历程理论视角，阐释日本遗孤子女的社会融入过程与华人身份认同现状。新加坡南洋理工大学博士、新加坡全国志愿服务与慈善中心研究员马思睿以泰国"汉语桥"工程为例，对参与的海外华人师生进行田野调查和访谈，从亲历者角度展现汉语国际教育的在地影响，理解该工程在个人、机构和国家层面的多重意义。新加坡南洋理工大学的两位学者彤丽思与刘宏教授论述华人散居者在全球移民史中变化着的含义，着重讨论了认同、差异及家乡联系方面的议题，梳理了东南亚散居华人从最初定居该地区至当今的历史演变和理论框架。

在书评部分，暨南大学博士生余丹丹对杜温新著《缅甸华人寺庙与民间信仰》进行了全面的评析。余丹丹认为该书的创新之处在于两点，一是作者采用了历史民族志的方法，揭开了缅甸华人日常宗教生活中民间的声音；二是作者讨论了宗教对当代外交的作用，这两点值得学习借鉴。暨南大学在站博士后张倍瑜对史蒂文·B.迈尔斯的著作《华人散居地：一部移民的全球史和社会史》展开了评述，对作者提出的"全球华人散居"这一观点进行了辨析。张倍瑜指出该书最大的贡献在于作者将中国的内部与外部移民结合起来考察，从长时段历史的视角揭示了移民多样化的路径。

Preface

Global Chinese Review (*GCR*) is a key academic publication of the Academy of Overseas Chinese Studies, Jinan University, a Key Research Base of Humanities and Social Sciences under Ministry of Education, P. R. C. Its objective is to serve as an academic platform for scholars around the world to share their research findings on Diaspora Chinese and Diaspora Chinese-China connections. It aims for a comprehensive coverage of various topics related to the study of the global Diaspora Chinese and China-global Diaspora Chinese relationship from multi-disciplinary perspectives.

GCR publishes original scholarly multi-disciplinary research works on topics related Diaspora Chinese; and Diaspora Chinese-China connection. We welcome papers dealing with topics on Diaspora Chinese communities across the world: migration, identity, ethnic relations, production and reproduction of Diaspora Chinese religions, food and culture, family and inter-generational relations, women and gender relations, businesses, entrepreneurship and political participations in Diaspora Chinese local communities as well as contributions that explore hometown connections and Mainland Chinese state policies towards Diaspora Chinese and the promotion of economic and cultural diplomacy.

This publication has two sections, including six research papers and two book reviews. In the research paper section, Thock Ker Pong, from the University of Malaya, focuses on the survival and continuation of Malaysian Chinese primary schools against the background of urbanization. His study demonstrates that the Board of Director and Parent and Teacher Association play a significant role in keeping the sustainability of Chinese schools. Jack Meng-tat Chia from the History Department, National University of Singapore looks at the Buddhist connections formed through the Nanputuo Monastery in Xiamen from the turn of the twentieth century to 1949. His paper explores the role of these networks in linking southeast China and the Diaspora Chinese that led to the emergence of modern Chinese Buddhism throughout Southeast

Asia. Shi Xiaoning from York University of Canada examines the origins and practices of the Chinese Freemasons, commonly known as the "tong" in America. It also explores the transformation of it into a political party, its political views and engagement in America. Zhang Longlong from Beijing University of Technology uses the life-course perspective to understand the social integration and the development of a Chinese identity among the children of the Japanese war orphans who were left behind in China. Ma Sirui, researcher at the National Volunteer and Philanthropy Centre, works on the "Chinese Bridge" project in Thailand. Using data obtained from interviews with overseas Chinese teachers and students in Thailand, she provides an analysis and interpretation of the on-the-ground impacts of TSCOL and its multi-layered meanings at individual, institutional and national levels. Els van Dongen and Liu Hong, from Nanyang Technological University, Singapore discuss issues of identity, difference and homeland linkages of the Chinese diaspora in Southeast Asia from the beginning of Chinese settlement in the region to the present era. This paper explores these issues in the changing contexts of the Chinese diaspora in the history of global migration.

In the book review section, Yu Dandan from Jinan University offers a thorough review on Daw Win's new book *Chinese Temples and Chinese Folk Religion of Myanmar*. Yu comments on the historical ethnography that enables the author to adopt an on-ground perspective on the everyday religious life of Myanmar Chinese. She also highlights the new contribution of the book in analyzing the diplomatic function of religion in today's international politics. Zhang Beiyu, a post-doctoral fellow at Jinan University reviews the work *Chinese Diasporas: A Social History of Global Migration by Steven B. Miles*. Zhang reviews the complexities of the ways in which the author engages with the concept "Global Chinese Diasporas". Zhang points out the major contribution of the book is the ways in which the author integrates China's external migration with internal migration to explains the diverse trajectories of Chinese migration from a longue durée perspective.

目　录

Contents

单元化教育政策和城市化对马来西亚华文小学的冲击和影响（1991—2018）[*]

祝家丰[**]

【摘　要】马来西亚自独立以来一直奉行单元化教育政策，华文小学（华小）在单元化教育政策下，其增建和迁校往往面临各种阻碍。另外，城市化亦对华小的发展产生深远影响。虽然现今马来西亚有 1 298 所华小，但61.3% 的华小位于乡村，城市华小只占38.7%。在城市化的影响下，70% 的华小学生更倾向于集中在城市地区。乡村华小面临生源困境，学校的总人数越来越少，衍变成微型华小。城市化造成乡村华小的微型化，需靠非华裔学生的支撑才能不被关闭。在乡村华小日渐减少和微型化，而城市地区又不获准增建的局面下，马来西亚的华人社会面临着如何继续维护华文教育以让华裔子弟及非华裔学生接受有素质的华文教育的棘手问题。研究发现，华小的董事部和家教协会在这方面扮演了重要角色。

【关键词】单元化教育政策；城市化；华文小学；增建；迁校

＊ 本论文曾在暨南大学和世界海外华人研究学会于 2019 年 11 月 9 日至 11 日主办的第十届 "ISSCO 国际学术研讨会" 上宣读。作者于 2021 年 5 月修订，感谢两位匿名学者提出详细和非常有用的修改建议。

＊＊ 作者简介：祝家丰，马来亚大学中文系荣休副教授，研究领域为马来西亚华人政治、教育、文化和族群关系及非政府组织。

一、前言

华人自离开祖籍国而漂泊到世界各地谋生后，由于需适应各地不同的国情而衍生出各种调适方式。现今多数海外华人虽能讲汉语或汉语方言，但作为其载体的华文教育在世界各国却命运迥异。作为海外华人一分子的马来西亚华人虽受马来西亚实施的单元化教育政策的深远影响，但仍能发展出一个独特且韧力非凡的华文教育体系，此现象实属罕见。① 马来西亚的华文教育体系在海峡两岸及香港地区以外发展得最为完善，也肩负着传承中华文化的重任。华人社群为了捍卫华文小学（以下简称"华小"）的存在而与马来西亚政府进行了长期的抗争。此项锲而不舍争取华文教育平等权利的活动在马来西亚已形成一个最持久的社会运动。

马来西亚独立 60 多年以来，依然存在国族构建之困扰。独立初期，掌权的联盟政府实施由马来西亚三大民族倡组的协合式民主体系，并以协商方式分享政权。但马来西亚自 1969 年发生种族冲突事件后，其政治体系已由巫统政党所掌控，并衍变成政治学者所谓的种族霸权国家。② 在此体系下，以马来民族主义为党纲的巫统推了一系列马来人优先的政策。华人族群面临着各种困境，政经文教权益日渐被侵食。在教育领域，有鉴于政府实施单元化的国民教育政策以形塑由马来族为主导的国族，华文教育受到一系列国家教育政策与法令的冲击。马来西亚的华文教育长期遭受各种不利其发展的束缚，但由于得到华人社群的鼎力支持与抗争，它衍生出令人敬佩的华教运动。华人这股捍卫华文教育的精神，主要是源自他们把华校与华文教育视为传承中华文化和语言、赓续华人族裔认同的最重要载体。③

马来西亚的华文教育若从 1819 年在槟城建立的第一间私塾——五福书院算起，已有 200 多年的历史。④ 其悠久的历史说明了华校与华文教育一直以来都受

---

① 祝家丰：《海外华文教育辛酸史：马来西亚华教运动个案研究，1995—2008》，刘泽彭主编：《互动与创新：多维视野下的华侨华人研究》，广西师范大学出版社，2011 年，第 259 页。

② Myron Weiner, "Political Change: Asia, Africa, and the Middle East". In Myron Weiner & Samuel Huntington eds., *Understanding Political Development*, Little Brown, 1987, pp. 33 – 64.

③ 祝家丰：《海外华人对国族建构的追求和抗争：探讨马来西亚华人如何打造"想望的民族"》，李其荣主编：《国际移民与海外华人研究，2017—2018》，中国社会科学出版社，2020 年，第 339 页。

④ 有一些历史学者开始质疑槟城五福书院是马来西亚华文教育的发轫，因为没有确凿的证据可以说明五福书院是一所学堂。这些学者认为马来西亚华文教育的发轫年代应迟于 1819 年。

到马来华人社群的重视。2012 年的教育部数据显示有 96% 的华裔家长把其子女送进华小以接受母语教育。① 自 1957 年独立以来，虽然华小已被纳入马来西亚国民教育体系，但它一直不能享有与国民小学（即马来文小学）同等的地位。华小也因此面临拨款不足、没能增建、简陋与年久失修、课室的学生拥挤及师资不足等一系列问题。但即便华小并不能提供良好的学习环境，也无法阻碍马来华裔家长把子女送进华小以接受母语教育的决心。

全球化时代，随着中国的崛起，马来西亚的华文教育本应拥有美好的发展空间，华文的世界地位也应不断提升。但由于种族政治的发酵与巫统一党独大之政治格局，华文教育的发展也因此受囿于客观环境。本文着重探讨马哈迪、阿都拉和纳吉主政时期主导的城市化和单元化教育政策对华小带来的冲击。这三位首相在任期间，马来西亚经济取得长足发展。马来西亚的城市化也在强人首相马哈迪领军下进一步被强化。马哈迪在任时实施了对马来西亚经济发展影响深远的国家重工业计划和各种大型发展计划。这些政策推动了大量人口向城市迁移，并催生了许多新城市的崛起。除了马来人在政府的主导下大量涌向城镇，马来西亚的乡村华裔人口也为了就业和升学机会向城市迁徙。这样的人口流动造成城市地区华小的学额严重不足。虽然在 1991—2018 年这段时期政府实施所谓的开放政策，但仍有许多教育课题困扰着华小，本文以乡村华小的微型化、华小的增建和迁校在城市化的浪潮下所面临的问题为讨论的主轴。

二、马来西亚的单元化教育政策和城市化进程

马来西亚华小的困境可追溯至英国殖民政府所发布的《巴恩报告书》。殖民政府于 1950 年 7 月 25 日委任巴恩教育委员会检讨当时的马来源流学校及其制度。该委员会在 1951 年 6 月提出了后来对华文教育影响深远的《巴恩报告书》。② 该报告书首次在马来西亚教育史上提出了"国民学校"的概念。委员会的成员们把国民学校定位为"国族建构之校"（Nation-building school）与"公民

---

① 祝家丰：《中国崛起下的东南亚华文教育：印尼三语学校和马来西亚华文小学比较研究》，詹缘端、范若兰主编：《比较视野下的东南亚华人研究》，马来西亚华社研究中心，中国中山大学东南亚研究所，2019 年，第 391 页。

② 祝家丰：《海外华文教育辛酸史：马来西亚华教运动个案研究，1995—2008》，刘泽彭主编：《互动与创新：多维视野下的华侨华人研究》，第 261 页。

之校"（Schools for Citizenship）。① 为了促成单一源流的国民学校，《巴恩报告书》否定了华文与泰米尔文学校的存在价值，因此华小面临政府改制，甚至关闭的隐忧。

《巴恩报告书》的重要性在于其所推介的"国民学校"概念。独立后的马来西亚的数份教育报告书一直都沿用此概念。例如对马来西亚教育政策影响深远的《1956 年拉萨报告书》之"最终目标"就阐明教育部必须把各族群的孩子，集中在一个以国语（即马来语）作为主要教学媒介的国家教育体系中。②这正是"国民学校"概念的体现，它将是达至教育政策"最终目标"的最有效工具。尤为重要的是这概念深植于马来政治、教育与文化精英的思维。马来政府现今所推行的教育政策，强化国民学校的理念可说是源自《巴恩报告书》和"最终目标"之精神。巫统领袖就利用团结各族人民之名来推展"国民学校"概念与"最终目标"，这成为他们贯彻单元化教育政策的依据。

在马来西亚 1957 年教育法令下，华小被纳入国家教育体系。根据这项法令，华小本该享有与国小同等的地位和待遇，但自独立以来，华小一直陷入增建难与拨款严重不足的困境。巫统领袖和许多马来民族主义学者认为，华小一般没有把校地拥有权交给政府，因此不能享有同等地位。③ 许多已向政府献地的华小与国民型中学已转型为全津贴华小或国民中学，但仍面临各种各样的问题。同样为国家培训人力资源献上一份绵力的华小，为何会面临如此多的问题呢？这是马来西亚实施单元化教育政策的后果。在这项政策下，华校与泰米尔学校被视为国民构建和国民团结的绊脚石。因此国家的教育政策是不增建华校，华校只有在特殊情况下才被允许增建。华小增建问题自马来亚独立以来就存在，但自 1969 年发生种族冲突事件，巫统一党独大的政治格局产生后，华小的增建和搬迁数便大幅度滑落。

20 世纪 70 年代前，马来西亚经济以农业为主，依赖各种初级产品出口。

---

① Tan Liok Ee，*The Politics of Chinese Education in Malaya 1945 - 1961*，Oxford University Press，1997，p. 58.

② "最终目标"的字眼自 1950 年出现在候革尔（M. R. Holgate）教育报告书后就一直被马来西亚政府在其各种教育报告书与计划中引用。委员会也正式首次提出"单一源流学校"的概念以团结和整合马来西亚国民。马来西亚的华教人士担心政府会通过各种教育政策和计划来改变华小的教学媒介语以达到"最终目标"和形成"单一源流学校"，所以这两个词汇一直是华教人士的梦魇。

③ Sia Keng Yek，*SRJK（CINA）dalam Sistem Pendidikan Kebangsaan：Dilema dan Kontroversi*，Penerbit Universiti Malaya，2005.

1969 年发生的种族冲突事件催生了新的经济政策。执政的国阵政府为了提高马来人的经济地位而采取了国家介入经济的策略以让马来族群分享经济蛋糕。为了扩大经济效益，马来西亚政府自 70 年代以来不断调整产业结构，大力推行出口导向型经济，电子业、制造业、建筑业和各种服务业发展迅速。① 在 80 年代初期，主政的马哈迪更是推出发展重工业和汽车业的经济政策以策动经济的蓬勃发展。虽然 80 年代中期马来西亚受到世界经济衰退的影响，经济一度下滑，但在采取刺激外资和私人资本等措施下，经济明显好转。1987 年起，马来西亚经济连续 10 年保持 8% 以上的高速增长。②

1971—2000 年，马来西亚从一个原料出口国转化为一个新兴的多元工业经济体。经济增长主要依赖制成品出口，尤其是电子产品。纵观以上的经济发展轨迹，可以概括地说马来西亚在很短的时间内就基本实现了工业化。这种工业化的主要特征是外资投资主导型。外资投资不仅为马来西亚工业化提供了资金来源，还带动了马来西亚产业结构的调整和就业结构的改善。③ 除此以外，经济发展亦推进了城市化进程。

马来西亚的城市化过程中，大量的乡村人口向城市地区迁徙。城市人口比例从 1970 年的 28.4% 增加至 1980 年的 34.2%，又从 1991 年的 50.7% 增加至 2000 年的 61.8%。从 1970 年到 2000 年，马来西亚的城市人口从 2 962 795 人增加到了 13 725 605 人，增长了约 4 倍。④ 城市化在近年进一步加速，马来西亚 2015 年的城市人口为 2 270 万，占全国总人口的 74.3%，而乡村人口只占 25.7%。在族裔人口分布方面，华人居住在城市地区的占比一直领先其他族群。城市化浪潮进一步使华人聚居于城市。2017 年统计局的数据显示，90.9% 的华裔居住在城市地区，仅有 9.1% 的华裔住在乡村地区。⑤

马来西亚的人口向城市流动主要为经济发展所策动，城市和城市周边的蓬勃发展吸引了成千上万人口的到来。由于城市规划与发展跟不上人口蜂拥而至的发展步伐，马来西亚的城市及其周边地区须面对许多社会问题。对于华裔人口，他

---

① 张继焦：《亚洲的城市移民：中国、韩国和马来西亚的三国比较》，知识产权出版社，2009 年，第 132 页。

② 张继焦：《亚洲的城市移民：中国、韩国和马来西亚的三国比较》，第 132 - 133 页。

③ 张继焦：《亚洲的城市移民：中国、韩国和马来西亚的三国比较》，第 134 页。

④ 张继焦：《亚洲的城市移民：中国、韩国和马来西亚的三国比较》，第 137 页。

⑤ 《东方日报》，2018 年 2 月 29 日。

们面对的主要问题是子女上学。虽然政府在新的住宅区都设立了国小，但华裔父母对国小的办学缺乏信心，鲜少让他们的子女入读。另外，政府一般没有在新住宅区设立华小，因此他们的子女甚至面临入学无门的困境。这些华裔子弟只能报读旧有的华小，这造成城市地区的华小面临学生爆满之患。华裔家长也需每天载送儿女们到比较远的华小求学，深受舟车劳顿之苦且多耗一笔交通费。在教育方面，城市化对华裔人口带来极大挑战。

三、马来西亚华小的新近发展趋向

由于马来西亚政府推行单元化教育政策，即使马来西亚的华裔人口一直在增多，但华小的总数目不增反减。例如在1970年，其国内共有1 346所华小；但到了1980年，华小的数量减至1 312所。此种趋势还在持续中。截至2016年，马来西亚共有1 298所华小。除了单元化教育政策的影响，华裔人口的城市化亦是造成华小数额减少的原因。在二十世纪八九十年代，马来西亚的经济发展主要集中在城市地区并在这些地区创造了许多就业机会，华裔家庭为了寻求更好的生计而纷纷迁徙到城市地区。城市化浪潮给乡村华小带来各种问题和危机，许多乡村华小因为没有学生来源而在教育部一纸通令下被关闭了。当时华社还没有积极申办迁校，[①] 华小在停办后就没有机会再复办了，因此华小的数量一直在下滑。

另外，城市化浪潮亦造成许多乡村华小流失大量学生，[②] 虽然没有被教育部关闭，但也沦为微型华小。[③] 这些微型华小的华裔学生来源捉襟见肘，华小必须靠非华裔学生来支撑。2015年的教育部数据显示马来西亚全国共有489所微型华小，占了华小总数的37.7%。到了2018年，微型华小的数量进一步增至601所，其比率激增至46%。[④] 下表详列各州微型华小的比率：

---

① 马来西亚华人在90年代后才积极申办迁校的活动，当时的马华公会为了化解华社增建华小的压力也鼓励微型华小迁校并承诺给予大力协助，详见马来西亚华校教师会总会（教总）：《华小建校、迁校和微型华小资料集》，2009年，第108页。

② Voon Phin Keong, "Population movements and the Chinese community, In Malaysia". In Leo Suryadinata & Lee Hock Guan eds., *Chinese Migration in Comparatives Perspectives*: *Adaptation and Development*, Chinese Heritage Centre and Centre for Chinese Language and Culture, 2009, p. 112.

③ 根据马来西亚教育部的规定，一所小学的学生总人数少于150人就被归类为微型小学。

④ 《东方日报》，2018年8月7日。

表 1　2015 年马来西亚全国各州国民型华文小学与微型华小统计

序号	州属	国民型华文小学数量（所）	微型华小数量（所）	微型华小的比率（%）
1	柔佛	215	81	37.7
2	马六甲	65	19	29.2
3	森美兰	82	43	52.4
4	雪兰莪	111	14	12.6
5	霹雳	186	71	38.2
6	槟城	90	20	22.2
7	吉打	90	41	45.6
8	玻璃市	10	3	30.0
9	彭亨	74	34	45.9
10	登嘉楼	10	4	40.0
11	吉兰丹	15	3	20.0
12	沙巴	83	25	30.1
13	砂拉越	221	129	58.4
14	吉隆坡联邦直辖区	42	2	4.8
15	纳闽直联邦辖区	2	0	0
16	布城直联邦辖区	0	0	0
	总数	1 296	489	37.7

资料来源：马来西亚华校董事联合会总会（董总）：《董总与各州属会第 89 次联席会议专题报告：微型华小课题》，2016 年 10 月 1 日，http：//www. dongzong. my/detaildeclare. php? id＝722，2018 年 7 月 4 日。

另一显著的发展趋向是近年来华小学生总人数逐步下降。例如，2007 年马来西亚全国华小共有 643 679 名学生；到了 2016 年，其人数已下降至 542 406 人，10 年来锐减了 101 273 人。[①] 表 2 清楚地说明这一趋势：

---

① 《东方日报》，2017 年 5 月 29 日。

表2　2007—2016年马来西亚各源流学校学生人数和学校数量

年份	国小		华小		泰小	
	学生人数	学校数量	学生人数	学校数量	学生人数	学校数量
2007	2 286 328	5 781	643 679	1 289	103 284	523
2008	2 401 335	5 785	639 086	1 290	108 279	523
2009	2 368 562	5 795	627 699	1 292	109 086	523
2010	2 180 564	5 826	604 604	1 291	104 962	523
2011	2 150 139	5 848	598 488	1 291	102 642	523
2012	2 106 603	5 859	591 121	1 294	97 884	523
2013	2 069 109	5 865	564 510	1 293	92 934	523
2014	2 044 624	5 867	559 157	1 295	88 880	523
2015	2 034 817	5 872	550 519	1 295	85 473	523
2016	2 039 229	5 877	542 406	1 297	83 343	524

资料来源：《星洲日报》，2016年12月18日。

马来西亚华校教师会总会（教总）2018年9月2日发布的一份报告显示，从2008年到2018年，马来西亚华小在校学生减少了112 029人，下降幅度达17.8%。[1] 其中沙巴州华小学生总人数在同期仅下降1.5%，这是由于该州有越来越多非华裔学生入读华小，就读该州华小的非华裔学生占学生总数的比例从2016年的51.2%增加到2018年的58.1%。过去10年间，以马来语为主要教学媒介的国小学生人数也下降了8.46%。由于马来人的生育率没有下降，国小的学生总人数减少的趋向可说是流向了华小和宗教学校。

华小学生总人数逐步下降也源于华人生育率逐年下降，每户华人家庭通常只有一两名孩子。此外，一些家境比较好的华人家庭则选择让子女入读私立学校或国际学校。这些家庭的家长认为华小的功课过于繁重和注重考试，学生需面对过大的学习压力。因此他们希望子女接触其他如英美国家的教育方式以让他们能快乐地学习。此外，全球化时代英语更趋重要，国际学校所提供的英语教学成功吸引了众多的华裔学生。[2] 在这种趋势下，各种国际学校如雨后春笋般在马来西亚

---

① 《星洲日报》，2018年9月3日。
② 除了英语教学外，马来西亚的国际学校也提供单科华语的学习，因此成功吸引了许多华裔学生来报读。

各地设立起来，现今这类学校已有一百多所和数万名学生。

四、城市化对微型华小的冲击

由于学生人数太少，很多微型华小教师和设备不足。因此，它们不得不开展复级班教学，但教学成果并不理想，也增加了教师的工作负担。有鉴于这些微型华小不符合经济效益导向的政策，教育部会关闭或合并该类学校。不管是关闭或是合并微型华小，对华社来说都是非常敏感的课题。追根究底，是因为华社要求增建华小的意愿没有获得政府的尊重。在华小数量已经严重不足的背景下，华社担心在教育部关闭或是合并微型华小的举措下，华小数量会越来越少，不利于华文教育长远发展。虽然政府允许华社把微型华小迁移至城市地区，但迁校过程困难重重。物色适当的校地是迁校过程中重要的一环，这原本是政府的职责。但事实上，政府却没有履行好职责。当局不会为建华小提供校地，迫使华小的董事部和家教协会（董家教）必须自行物色校地。在这种困难的局面下，微型华小的董事部都会选择保持现状。譬如吉打州居林县新中小学（微型华小）① 董事长陈振淼就不认为迁校，或合并同面临新生来源问题或学生不足的学校就能解决问题。他甚至担心可能会引发其他问题。他始终认为，为应付地方上的教育需求，只要有家长愿意把孩子送进华小接受教育，华小还是有必要留在原地。② 诚然，华社之所以坚守着"华小一所也不能少"的想法，苦苦支撑着濒临关闭的微型华小，或致力于搬迁微型华小至华裔人口密集的地区，这都是马来西亚华社对华文教育的使命使然。微型华小之董事部为了保存华小的命脉，只好接受和鼓励友族把孩子送进来，至于华小的特质和特征就暂且放在一旁，保校比保存特征更为重要。此外，这些学校的董事会和家教协会有素质的年轻人都迁徙去了城市，领导层严重老龄化了。

另外，城市化也造成乡村华小的非华裔学生相对地日渐增多。在这种发展趋势下，乡村华小的华语学习环境正在逐渐弱化。有鉴于乡村华小的友族学生数量往往超过华裔学生，因此华小的母语场域不再单元，而是朝多语发展。譬如沙巴

---

① 吉打州居林县麻坑新中小学在 2018 年只有 23 名学生，友族占 21 位。该校曾在 2012 年和 2013 年迎来全校零华裔学生的情况，到了 2020 年它再次面临零华裔学生的窘境，全校只有 26 名巫裔学生，参见《中国报》，2010 年 1 月 5 日。

② 《光华日报》，2018 年 4 月 1 日。

州华小的学生就用华语、英语、马来语及客家话（华语方言）来沟通。① 除了在教学上使用马来语的频率增加外，在课堂外教师亦用马来语或穿插马来语来与友族学生沟通。在学生交往方面，马来语的使用率在乡村华小日渐提高。尤其在非华裔学生过半的学校，华族学生更倾向于使用马来语来和同伴交流。研究发现在六年级政府考试中，这些华裔学生的马来文成绩有显著的提升。② 此现象说明了各族学生在同一个场域学习必须彼此适应和迁就，因此非华裔学生入读华小已开始改变校园文化。这些学校在推广文化活动和举办华族节庆时必须顾及友族学生，尤其是穆斯林学生的宗教敏感性。

在非华裔学生众多的情况下，不仅华小教师的教学难度提高，教师也为了配合学生能力差异而不得不降低教学要求。由于非华裔学生不是在中文的语言环境中成长，有些甚至完全不了解中文，所以他们在掌握中文听、读、写方面就会比华裔学生面临更多困难。③ 教师需要比一般华小教师更耐心、细心及应用多元化的方式去教导学生，以便非华裔学生能够更容易掌握华文书写和发音。翻译课文内容方便学生理解与阅读，或透过不同的角度和方式向学生解释词汇的意义等。即使教师的教学质量高，但深奥的词汇却无法让学生理解，所以教师就会不断降低自己的教学目标，以符合学生的学习能力，使学生能够适应并且明白教学内容。④ 在这种教学方式和要求下，非华裔学生的华语水平依然是不尽如人意。有许多五、六年级的非华裔学生仍然无法有效掌握华语。⑤ 在这方面，教师在教学上的付出往往不能反映在华文成绩上。有鉴于非华裔学生的增多，许多乡村华小的华文和其他科目的考试成绩不达标，因而华小常受到教育部官员的责难。⑥

非华裔学生入读乡村华小造成学校总体成绩偏低，也给华小带来另一项问题。有一些华裔家庭不愿把子女送入这类友族学生过半的学校，进一步使得华小

---

① 王康进：《"我们眼中的沙巴华小"——非华族学生家长的声音》，庄华兴等主编：《变迁中的马来西亚与华人社会》，华社研究中心，2015 年，第 278 页。

② Tan Yong Ling, *Pertambahan Murid Melayu di Sekolah Rendah Jenis Kebangsaan Cina Daerah Kuala Pilah*：*Motivasi*，*Cabaran dan Adaptasi*，Disertasi MA，Universiti Malaya，2018.

③ 容健辉：《论马来西亚微型华小的现况——以双溪罗丹华小和光亚学校为个案》，拉曼大学中华研究院中文系学士学位论文，2018 年，第 38 页。

④ 容健辉：《论马来西亚微型华小的现况——以双溪罗丹华小和光亚学校为个案》，第 39 页。

⑤ 王康进：《"我们眼中的沙巴华小"——非华族学生家长的声音》，庄华兴等主编：《变迁中的马来西亚与华人社会》，第 277 页。

⑥ Tan Yong Ling, *Pertambahan Murid Melayu di Sekolah Rendah Jenis Kebangsaan Cina Daerah Kuala Pilah*：*Motivasi*，*Cabaran dan Adaptasi*，p. 112.

微型化和非华裔学生的比率升高。华裔家长认为华小的非华裔生人数多于华裔生，将会导致学校教学质量下降。由于非华裔生的中文基础较弱，学校为了配合多数学生的学习能力便降低教学要求，让非华裔学生也能够适应。据光亚学校校长透露，较为注重学业的华裔家长通常会将孩子送往距离较远的育英华小就读，即使该住宅区与光亚学校只有 5 分钟车程的距离。学校地理位置不再是家长衡量的要因，学校教学质量成了择校最重要的因素。[①] 因此，光亚学校的华裔学生人数持续减少。该校每年平均只招收到 4 位华裔新生。这种情形也发生在各地的乡村华小，譬如吉打州瓜拉尼浪高华小学，校方过去几年都鼓励该区华裔家长把孩子送到该校就读，以便增加华裔学生人数。不过，仍有一些家长舍近求远，每天宁可耗费 15—45 分钟的单程车程，却不愿意把孩子送到高华小学就读。[②]

由于乡村华小学生发生了结构性的变化，这些学校的家教协会组织也产生了新的变动。现今，大部分乡村华小的非华裔学生超过 50%，家教协会必须保留特定职位给友族家长。光亚学校就出现马来家长自荐出任家教协会副主席的情形，由于该校的友族家长人数占了 60%，学校董事部只好接受其建议。因此该名马来家长自 2015 年就开始出任家教协会副主席，不仅如此，家教协会 6 名家长理事中，有三位是马来家长，同样占了半数。对于这项发展，该校董事长侯元德先生内心感慨良多，却也无可奈何。[③] 其他友族学生占多数的华小极可能同样面临光亚学校的处境。吉打州华玲县的另一所微型华小诚育华小不仅华裔学生来源减少，更令董家教担忧的是接班人的问题。华裔家长对家教协会的热忱和参与感出现了滞后。反而是友族家长比华裔家长更为积极。[④] 对其他乡村华小的研究也发现类似的趋向。[⑤] 在积极参与家教协会活动和担任重要职位后，这些家长极有可能成为华小的董事部成员。[⑥]这些发展都是马来西亚华社无法抗拒的，更令华社担心的是，因为马来家长成为董家教成员，华小的校园文化和学校行政风格

---

① 容健辉：《论马来西亚微型华小的现况 ——以双溪罗丹华小和光亚学校为个案》，第 36 页。

② 《光华日报》，2018 年 3 月 19 日，http：//www. kwongwah. com. my/？p =486464，2018 年 7 月 10 日。

③ 《东方日报》，2017 年 1 月 11 日。

④ 《光华日报》，2018 年 3 月 26 日，http：//www. kwongwah. com. my/？p =490331，2018 年 7 月 10 日。

⑤ Tan Yong Ling, *Pertambahan Murid Melayu di Sekolah Rendah Jenis Kebangsaan Cina Daerah Kuala Pilah：Motivasi，Cabaran dan Adaptasi*.

⑥ 根据马来西亚教育法令下的条文，华小或华文国民型中学的董事部成员须有 3 位代表来自家教协会。因此在马来学生占多数的华小，马来家长就能担任家教协会的重要职位，如此一来他们可以自荐成为董事部成员。

也逐步马来化或伊斯兰化。在这新的发展趋势下，维护华小的特征越来越难。

五、单元化教育政策下的华小增建问题

在第四任首相马哈迪的领导之下，国阵政府于 90 年代开展了一系列"文化开放"（cultural liberalism）导向政策。这些怀柔政策对非马来人，尤其是华人带来非常显著的影响。Milne 与 Mauzy 认为国阵政府所做的改变是为了应对它在1990 年普选所流失的华人选票。① 这些开放与怀柔政策，具体而言，可以看作巫统领袖已不再强调或重新诠释马来人身份认同之标志。这些标志包括马来统治者、马来语言、马来文化及伊斯兰教。这些政策的推行使得马来西亚的国族建构概念发生变化，从较排斥变成较包容。② 那些曾在七八十年代引发华社争议的课题就不再引发族群争论。令华巫族群争议不休的国家文化政策在进入 90 年代后，不再受到政治领袖和社会人士的关注。③

虽然 20 世纪 90 年代与 21 世纪由巫统主导的马来西亚政府推行所谓的"文化开放"政策，但教总前副主席陆庭谕就指出政府的开放政策并未实施于华文教育，而且华文教育的发展形势比过去更严峻。④ 当时的教育部部长纳吉亦公开声明政府的教育政策是不增建华小。⑤ 诚然，巫统领袖们依然认为华文学校是国民团结的绊脚石，国家因此须实施以马来文教育为主的单一源流国民教育政策。所以马来西亚自 90 年代以来一直强化马来文小学，以让它成为国民的首选。

马来西亚华文教育至 2018 年仍然面临诸多问题，⑥但主要的问题依然是华小增建和师资短缺。自国阵政府颁布实行《1976 年城市与乡村规划法令》以来，虽然政府规定每个新的住宅区都须保留地段作为建校用途，但遗憾的是，这些保留地段只用来兴建国小和国民中学，并没有规划兴建华校。新的住宅区一般都没

---

① R. S. Milne & Diane K. Mauzy, *Malaysian Politics under Mahathir*, Routledge, 1999, p. 96.

② Francis Loh Kok Wah , "Developmentalism and the Limits of Democratic Discourse". In Francis Loh Kok Wah & Khoo Boo Teik eds. , *Democracy in Malaysia*: *Discourses and Practices*, Curzon Press, 2002, p. 28.

③ 有关此课题的详细研究和分析可参阅 Sharon Carsten, "Dancing Lions and Disappearing History: The National Culture Debates and Chinese Malaysian Culture", *Crossroad*, 1998, 13（1）, pp. 11 – 64.

④ 《南洋商报》，1999 年 7 月 20 日。

⑤ 《星洲日报》，1999 年 2 月 13 日。

⑥ 这些问题计有华小增建、师资短缺、迁校、不公平拨款、宏愿学校和数理英化。有关马来西亚华教 1995 年至 2008 年的困境分析，可参阅祝家丰：《海外华文教育辛酸史：马来西亚华教运动个案研究，1995—2008》，刘泽彭主编：《互动与创新：多维视野下的华侨华人研究》，第 259 – 282 页。

有设立华小。当地的家长如果要让子女接受华文教育，就必须安排他们到距离较远的华小就读。

自马来西亚独立以来华小增建问题就一直存在。自 1969 年发生种族冲突事件，政治格局由巫统一党独大后，华小的增建数就大幅度滑落。根据教总一份 2008 年的调查报告，1957—1969 年间政府在马来西亚半岛增建了 63 所华小，但 1970—2008 年政府只增建了 25 所华小。[①] 但在该时段内，华裔的总人口增多了不少。下表说明了上述情况并指出马来西亚半岛 2008 年的 986 所华小中有 898 所（91.08%）是在马来亚独立（1956 年）前创办的：

表 3 马来西亚半岛现有华小的创办年份统计（2008 年前）

年份	1956 年及之前	1957	1958—1969	1970—1979	1980—1989	1990—1999	2000—2008	总数
马来西亚半岛华小总数	898	6	57	11	5	1	8	986
百分比（%）	91.08	0.61	5.78	1.12	0.51	0.10	0.81	100.00

资料来源：教总调查研究及资讯组，引自教总 2008 年（第 57 届）常年会员代表大会手册。

这种趋向造成了华小的学额严重不足，并更进一步引发华小的学生拥挤与爆满现象。所以城市华小学生总数往往高达 3 000 至 5 000 人，一间课室竟收纳 50 余名学生。华小的学生就在如此恶劣的环境下学习。另外，由于华小办学认真，成功吸引了许多土著学生，尤其是马来学生来报读。教育部于 2012 年发表的数据显示已有 8 万多名土著学生就读于华小。[②] 这些友族同胞进入华小就读虽是可喜的现象，但也让华小学额严重不足的问题进一步加剧。

马来西亚的现行教育法令《1996 年教育法令》第 28 条明文规定："教育部

---

① 祝家丰：《海外华文教育辛酸史：马来西亚华教运动个案研究，1995—2008》，刘泽彭主编：《互动与创新：多维视野下的华侨华人研究》，第 267 页。

② 《星洲日报》，2012 年 7 月 9 日。

长可以设立国民学校及国民型学校，并且必须维持这些学校。"国家的教育法令并没有禁止增建华小，但国阵政府的教育政策实质上是不增建华小。1998 年 4 月 25 日时任教育部部长的纳吉就明确指出，根据政治承诺，①华小将保持原状，并维持现有的数目，教育部目前并不打算增建新的华小；华小可在不增加数目的情况下进行扩充，包括扩建校舍。那些缺乏生源而面临关闭的华小，可以申请搬迁，但必须获得教育部的批准。这项声明可说是国家单元化教育政策的延伸，它亦阐明了马来西亚华社长期呼吁制度化增建华小的诉求得不到政府回应的原因。1974 年 12 月，马来西亚华教人士与社团领导人便通过董教总发表了《全国华人注册社团备忘录》，要求政府在新发展区按实际需要（人口增长）兴建各源流学校。这是马来西亚华教史上首份吁请政府制度化增建华小的历史文件。

面对华社极需增建新华小的诉求，国阵政府往往只会根据"政治需要"，在必要时，尤其是国阵政府在全国大选或补选面临反对党严峻挑战之时，才会宣布搬迁和增建一些华小。在此情况下，搬迁和增建华小已沦为执政党捞取华人选票而分派的"政治糖果"。譬如国阵政府在 1999 年大选面对由前副首相安华发起的"烈火莫熄"（Reformasi）政治改革运动时，②宣布增建 6 间新华小和搬迁 13 间微型华小。2004 年大选，由于选情对国阵政府一片大好，政府就没有增建或搬迁任何一间华小。但到了 2008 年大选，局势对国阵政府不利之时，就于 2008 年 1 月 30 日宣布增建。③ 这些由政治人物派发的"政治糖果"，许诺易如反掌，但实践起来却满途荆棘。当地的华社与家长不得不引颈长盼新华小的设立。1999 年政府就宣布增建的安邦华小二校（位于吉隆坡郊区）竟耗费 9 年时间，直到 2008 年才正式启用，造成很多当地的华裔学生无法入读华小。同年政府宣布增建的彭亨州关丹中菁华小分校，直到 2012 年中才落成。下表说明了政府在 1999 年大选前许诺增建的 6 所华小的建校艰辛历程：

---

① 根据马来历史学者 Zainal Abidin Wahid 教授的见解，在独立前马华公会的领袖已向巫统之领导人承诺不会要求增建华小。参阅 Zainal Abidin Wahid, *Bahasa, Pendidikan dan Pembangunan*（《语文、教育和发展》），Siri Bicara Bahasa, Bil. 5, Dewan Bahasa dan Pustaka & Persatuan Linguistik Malaysia, 2001, p. 14.

② 这项政治运动的产生起因于前副首相安华因政见分歧而被时任首相马哈迪于 1998 年 9 月 2 日革除所有官职与党职。这项开除行动造成安华的支持者和马来选民极度不满并引发他们展开了一系列的街头示威与政治抗争。

③ 祝家丰：《海外华文教育辛酸史：马来西亚华教运动个案研究，1995—2008》，刘泽彭主编：《互动与创新：多维视野下的华侨华人研究》，第 268 页。

表4　1999年大选政治承诺下政府增建6所华小所耗费时间

序号	校名	概况	费时
1	雪兰莪八打灵培才华小二校	2001年启用（将一所空置的国小改为培才华小二校新校舍）	2年
2	雪兰莪达迈镇康乐华小二校	2005年启用	6年
3	雪兰莪甲洞帝沙再也华小二校	2006年启用	7年
4	吉隆坡甲洞华小三校	2007年启用	8年
5	雪兰莪安邦华小二校	2008年启用	9年
6	彭亨州关丹中箐华小分校	寻觅校地耗时多年，建校工程终在2012年中完成	13年

资料来源：笔者整理自教总调查研究及资讯组与报章资料。

在增建新华小问题上，国阵政府里的华人政党也没有能力影响政府的政策。国阵政府里的最大华人政党——马华公会的前任总会长黄家定曾于2005年3月10日代表该党向政府提呈备忘录以要求即将在2006—2010年推行的第九个马来西亚计划里增建新华小。[①] 但此计划推介后，其总数为48亿3 730万令吉的小学拨款却只用于兴建180所新国民小学，新华小的兴建完全没有被提及。[②] 因此，当时华团领袖与反对党极力谴责国阵政府的政策。为了缓和华人社群的不满，教育部部长即在2006年9月27日宣布政府将在雪兰莪的布特拉高原增建一所取名为敦陈修信华小的新小学。但可悲的是，该校的建筑工程则拖延至2012年底才竣工。这事件反映出身为执政党的马华公会在增建华小课题上的无力。它不得不像反对党与非政府组织一般，以备忘录来表达诉求。

马华公会领导层于2013年大选前高调地宣传该党在雪兰莪州双溪龙华小和加影新城先锋镇华小增建问题上，成功争取到以国小的保留地作华小校地。但这项小进步并不是创举，因为马来西亚教育部之前曾把新山宏愿学校之国民小学转换为柔佛再也华小。此外马华公会领导高层亦在报上发布消息称，该党已成功争取到教育部部长和副首相原则上的首肯，从2011年开始，在拥有3 000多间住宅

[①] 《马来西亚前锋报》，2005年3月11日。

[②] 马来西亚时任副教育部部长诺奥玛于2006年9月20日在国会总结其部门2007年财政预算时透露，在第九大马计划下，未来的5年内教育部没有计划兴建新的华小和泰米尔文小学。

的华裔居民区兴建一所新华小。① 但直到 2018 年，也没有一所新华小在此计划下得以落实。马来西亚的印裔社群在 2008 年大选后获得增建 6 间新泰米尔文小学的承诺，但华社却没有政党或华团在大选来临之际积极争取增建新华小。大家只要求政府落实 2008 年大选增建华小的承诺。但是 11 年过去了，依然有一间华小未能启用，其他的华小也耗时多年才得以建成，并投入使用。下表详列了承诺的其中六间华小缓慢的建校历程：

表5　2008 年大选政府承诺增建新华小的最新建校进展

	批准年份	校名	建校状况
1	2008	雪兰莪州沙登岭华小	迟至 2015 年启用
2	2008	雪兰莪州加影新城先锋镇华小	建校工程于 2017 年底完成，但迟至 2020 年还未启用
3	2008	雪兰莪州双溪龙华小	迟至 2016 年启用
4	2008	雪兰莪州万挠爱美乐华小	建校工程已在 2011 年完工，2012 年初正式启用。
5	2008	柔佛州新山金海湾培华小学二校	迟至 2015 年启用
6	2008	吉隆坡旺莎玛朱华小	建校工程延宕多时，2015 年才启用

资料来源：《星洲日报》，2018 年 9 月 3 日。

国阵政府不增建新华小的政策是源自巫统领袖之单元化教育思维。根据教育部官员的看法，因为华裔子弟可选择到国民小学就读，政府不增建新华小并不会造成学额不够。政府这项政策也与教育部强化国民小学之举措息息相关。华小与泰米尔文小学之学额不足将促使家长们把孩子送进国民小学就读，如此一来，国民小学将成为民众的首选并强化的学校。

在城市地区华小长久不足的窘境下，华人社团，尤其是董教总对争取增建华小的工作从不曾停歇。董教总举办各类活动，1995 年 12 月 17 日举办"全国华团争取华教权益大会"，1999 年 8 月 1 日向政府提出"董教总母语教育宣言"的诉求文件，2003 年 9 月 10 日在雪兰莪和吉隆坡地区推展"增建华小运动"。董教

---

① 《东方日报》，2010 年 9 月 20 日。

总还在 2012 年向马来西亚政府提呈备忘录，列出一些城市地区极需增建的 45 所华小。[①] 但当时的政府完全不理会日益增多的非华裔生入读华小而造成的学额不足问题。其他华人社团则在 1999 年 8 月 16 日发布了著名的"马来西亚华人社团大选诉求"文件，要求国阵政府公平对待各源流学校并根据社区需要增建华、印小学。马来西亚七大华团组织[②]更于 2006 年 4 月 22 日公开呼吁政府制度化增建华小。[③] 虽然这些华团与政党组织积极争取增建华小，但其效果依然是可悲的。上述表 3 的数据清楚地说明了华小增建的困难，1990—1999 年，马来政府在马来西亚半岛只增建了一间新华小。

六、单元化教育政策下的华小迁校问题

随着马来西亚华裔人口的增长和城市化，许多华裔人口密集区和城市地区的华小学生人数严重爆满。虽然如此，但政府却没有根据人口的结构和需求来增建足够的华小，并对华社增建华小的要求进行诸多阻难。在政府奉行不制度化增建华小的政策下，国阵政府里的华人政党只能向政府争取迁校来应对华小学额日益不足的问题。所谓的迁校就是教育部把那些学生来源不足的乡村微型华小迁至华人密集的城市地区。虽然早在二十世纪二三十年代至独立前，马来亚的华文小学已有迁校的情况，但对当时的华社来说，这是发展使然，不会成为一个问题。

七八十年代期间，由于马来政府强力推行国民教育政策并实施不增建华小政策，华小数量日渐减少。华裔人口向城市迁移，造成越来越多乡村华小因为没有学生而陆续关闭。这些微型华小一旦关闭就难有机会重开。同时，马来政府也没有在华裔人口密集区增建新的华小，以容纳日益增加的学生。有鉴于此，华社一般都想尽办法不让微型华小被关闭。到了 90 年代，马来西亚许多处于城市周边的地区已发展成商业区或住宅区，越来越多的华裔向这些地区迁徙。华社需要增建华小的呼声越来越大，但时任政府依然漠视华社的诉求，华社对此深为不满。在当时，作为执政党一员的马华公会积极提出迁校策略来化解华社要求增建华小的压力和避免乡村微型华小被关闭。90 年代起，马来西亚的华小需要迁校，除

[①] 《东方日报》，2016 年 12 月 18 日。

[②] 这七个华团是马来西亚中华大会堂总会（华总）、董总、教总、校友联总、留台联总、南大校友会及七大乡团协调委员会。

[③] 《东方日报》，2006 年 4 月 23 日。

了一些特殊个案，主要还是源于政府不批准增建华小。① 这项以一校换一校，治标不治本的迁校措施并不能有效解决华社极需增建华小的诉求。这亦导致华小的总数日渐减少，如下表显示，1980—2008 年华小的总数量减少了 22 所：

表6 1980—2008 年马来西亚各源流学校学生人数和学校数量

年份	国小		华小		泰小	
	学生人数	学校数量	学生人数	学校数量	学生人数	学校数量
1980	1 353 319	4 519	581 696	1 312	73 958	583
1990	1 770 004	4 994	581 082	1 290	96 120	544
2000	2 216 641	5 379	622 820	1 284	90 280	526
2008	2 401 335	5 785	639 086	1 290	108 279	523
1980—2008	+ 1 048 016	+ 1 266	+ 57 390	− 22	+ 34 321	− 60

资料来源：教总调查研究及资讯组，引自教总2008 年（第57 届）常年会员代表大会手册。

在马来西亚，迁校一般须由相关学校向教育部申请，并得到国阵政府里的华基政党鼎力相助才能成功。国阵政府通常亦不随便批准华社的迁校申请，但会根据"政治需要"做出批示。事实上，从1999 年至2008 年，虽然政府批准了75 所华小迁校，但其中的43 所是在全国大选前获得批准搬迁的。② 华小从迁校至建校的一切费用都需要华社以筹款方式来承担，教育部一般没有给予拨款协助。只是在2008 年政治海啸后，③ 国阵政府才对华校的各项举措稍微宽松。2009 年3 月15 日，马华公会前任总会长翁诗杰宣布，中央政府将全面承担7 所新华小和13 所迁建华小的建筑费。④ 迁校所面对的问题虽然比增建华小来得少，但它常常面临建筑工程拖延的问题。譬如，柔佛州古来华小二校的迁校窘境可反映出华校的困境。该校原本已在1999 年大选前获得国阵政府批准迁校，但迟至2004 年还未进行迁校工程。2004 年大选来临之际，该区的马华公会国会议员就以政府即

---

① 马来西亚华校教师会总会（教总）：《华小建校、迁校和微型华小资料集》，第108 页。
② 马来西亚华校教师会总会（教总）：《华小建校，迁校和微型华小资料集》，第116 页。
③ 2008 年政治海啸指的是国阵政府在第十二届大选遭遇了严重的挫败，除了失去它在国会里一贯保有三分之二多数国席的优势，执政党也失去了五个州属的执政权。有关2008 年政治海啸对华文教育的影响，可参阅祝家丰：《马来西亚后308 政治海啸与两线制下的华教发展：华教之路平坦了吗?》，《亚洲文化》2014 年第38 期，第68 – 83 页。
④ 《星洲日报》，2009 年3 月16 日。

将进行迁校工程来向选民宣传。到了 2006 年，"第九个马来西亚计划"开始实施，出现增建新华小争议时，教育部部长即宣布政府将增建敦陈修信华小和古来华小二校两所新小学。报界就把国阵政府三度宣布古来华小二校迁校的喜讯比喻为再循环的"政治糖果"。[①] 在 2008 年大选来临之际，教育部部长于 2008 年 2 月 26 日莅临古来并为该校迁校工程主持动土礼。这可说是国阵政府第四度利用该项再循环的"政治糖果"，但是在动土礼第二天后，相关的机械都被搬走，古来华小二校的新校地被搁置。[②]

柔佛古来华小二校与槟城明德正校的迁校历经 12 年，其他学校亦需耗上数年之久。马来政府并不因为某地区是高速发展区，吸引了众多华裔居民的迁入而加快迁校工程以让华裔和友族学生就读，也不会因为是大选承诺就加紧完成工程。政府一般的做法是上一届大选的承诺往往要留到下一届大选前才兑现。这种情况在雪兰莪州的迁校中非常明显。雪兰莪州作为一个先进州属，外资的大量涌入推动了新城市的崛起，但这些地区华小的学额严重不足。首邦市的子文华小早在 1999 年大选就获准从雪兰莪州乡区双溪丁宜搬迁至八打灵首邦市，但其迁校过程耗时 4 年之久。至于吉隆坡乐圣华小是 2008 年大选时国阵政府承诺搬迁的 13 所华小的其中一所，该校被批准搬迁至吉隆坡市郊的大城堡。建校工程延宕至 2011 年才进行，原本预期在 2012 年初启用，延迟至 2012 年 6 月 11 日才启用。有鉴于此，时任董总主席叶新田就批评国阵政府在增建与搬迁华小的表现上是不及格的，政府在 1999—2008 年期间承诺增建 16 所新华小和搬迁 75 所华小，但截至 2011 年 7 月 15 日，仅兴建了 8 所新华小和搬迁 54 所华小。[③]

七、结语

马来西亚华文教育已有 200 多年的历史，在东南亚绽放出靓丽的花朵。马来西亚的华文教育体系肩负着传承中华文化重任，在海峡两岸及香港地区以外发展得最为完善，但马来西亚的华文教育之路却是一路坎坷。独立前，华文教育受到

---

① 《当今大马》，2006 年 9 月 28 日。

② 《星洲日报》，2008 年 7 月 12 日大柔佛版。该校经历了 12 年的迁校波折与辛酸，终于在 2011 年底完工并于 2012 年初启用，有关古来华小二校的迁校困境分析，详见张爱玲：《柔佛州华小迁校问题：古来华小二校个案研究，1999—2011》，马来亚大学中文系学士学位论文，2013 年。与其同病相怜的槟州明德正校亦是于 2012 年初启用。

③ 《东方日报》，2011 年 10 月 23 日。

英殖民政府的严厉管制；独立后，华文教育受到以马来民族主义为内涵的国家单元化教育政策的摧残。即便巫统主导的国阵政府一直边缘化和打压华文教育，华文教育却能在夹缝处存活，并开展抗争。本着华文教育能传承中华文化和赓续华人族裔身份认同的重要意义，华人社团组织和华教人士坚强不屈地在为华文小学"护根"。马来西亚华文教育的最后堡垒即华小也因此能在国家的不增建方略下得以继续存在。虽然城市化为马来西亚华文教育带来了新的挑战，但华裔家长依然如以往一样大力支持华小。华人社群锲而不舍地与国家单元化教育政策进行抗争，其辛酸过程却也衍生出令人钦佩与注目的华教运动。

城市化是发展中国家一个重要的社会现象，它不但推动了经济增长和社会繁荣，而且也影响和冲击了社会诸多层面。在马来西亚华人社会，城市化冲击了华文教育。越来越多的华裔家庭迁徙到城市地区，造成乡村华小陷入学生来源减少的困境。学校的学生总数越来越少，演变成微型华小。城市化造成乡村华小的微型化，需靠非华裔学生的支撑才能不被关闭。非华裔学生的增多使得乡村华小的华校特征被蚕食。另外，城市化亦造成城市华小饱和。虽然增建新华小和迁校能缓解此问题，但在国阵政府单元化教育政策下，华小的增建和迁校往往面临各种阻碍。在乡村华小日渐减少和微型化，城市地区又不获准增建的局面下，马来西亚华人社会难以继续维护华文教育和让华裔子弟以及非华裔学生接受有素质的小学华文教育。无论如何，这项研究显示出华小的董事部和华教人士在此课题上需要继续扛起重任，让马来西亚华小继续生存，让华人有机会念华校和赓续其身份认同。

The Impacts and Influences of Monolingual Education Policy and Urbanization on Malaysian Chinese Primary Schools, 1991 – 2018

Thock Ker Pong

Abstract：The implementation of monolingual educational policy in Malaysia since it attained independence has resulted in the predicament of building new Chinese primary schools and the relocation of such schools. Besides, urbanization has also brought severe ramifications in the development of Chinese primary schools. Although

Malaysia has 1 298 Chinese primary schools, 61. 3% of the schools are located in rural areas and only 38. 7% in towns. The effect of urbanization causes concentration of 70% of the total population of Chinese school pupils in town areas. Whereas Chinese schools in rural areas encounter the acute shortage of pupils enrolment which caused many Chinese schools categorized as school with minimum students. Hence urbanization has contributed to the increase in the number of school with minimum students and rural Chinese primary schools have to depend on the enrolment of Malay students as a mean to survive. In face of the constraint in building of new Chinese primary schools and the closure of this schools in rural areas, Malaysian Chinese community encounters the arduous task of keeping the sustainability of Chinese schools. This study shows the Board of Director and Parent and Teacher Association play a significant role in keeping the sustainability of Chinese schools.

Key Words：monolingual educational policy, urbanization, Chinese primary schools, building of new schools, school relocation

参考文献

［1］《东方日报》2010 年 9 月 20 日；2015 年 11 月 27 日；2016 年 12 月 18 日；2017 年 1 月 11 日；2017 年 3 月 20 日；2017 年 4 月 10 日；2017 年 5 月 29 日；2018 年 8 月 7 日；2018 年 10 月 21 日。

［2］《光华日报》2018 年 4 月 1 日；2018 年 3 月 26 日；2018 年 3 月 25 日；2018 年 3 月 19 日。

［3］洪嘉玲：《增建华小如何落实?》，《南洋商报》，1998 年 12 月 29 日。

［4］马来西亚华校教师会总会（教总）：《华小建校、迁校和微型华小资料集》，2009 年。

［5］马来西亚华校董事联合会总会（董总）：《董总与各州属会第 89 次联席会议专题报告：微型华小课题》，2016 年 10 月 1 日。

［6］容健辉：《论马来西亚微型华小的现况 ——以双溪罗丹华小和光亚学校为个案》，拉曼大学中华研究院中文系学士学位论文，2018 年。

［7］《诗华日报》，2017 年 11 月 6 日。

［8］王康进：《"我们眼中的沙巴华小"——非华族学生家长的声音》，庄华

兴等：《变迁中的马来西亚与华人社会》，华社研究中心，2015 年 。

［9］《星洲日报》1999 年 2 月 13 日；2012 年 7 月 9 日；2018 年 9 月 3 日。

［10］《星洲网》2010 年 7 月 2 日；2017 年 7 月 10 日。

［11］曾碧惠：《从红土坎本律平民华小窥探非华裔生对华文小学之影响》，拉曼大学中华研究院中文系学士学位论文，2017 年。

［12］张爱玲：《柔佛州华小迁校问题：古来华小二校个案研究，1999—2011》，马来亚大学中文系学士学位论文，2013 年。

［13］张继焦：《亚洲的城市移民：中国、韩国和马来西亚的三国比较》，知识产权出版社，2009 年。

［14］祝家丰：《海外华人对国族建构的追求和抗争：探讨马来西亚华人如何打造"想望的民族"》，李其荣主编：《国际移民与海外华人研究，2017—2018》，中国社会科学出版社，2020 年。

［15］祝家丰：《中国崛起下的东南亚华文教育：印尼三语学校和马来西亚华文小学比较研究》，詹缘端、范若兰主编：《比较视野下的东南亚华人研究》，马来西亚华社研究中心，中国中山大学东南亚研究所，2019 年。

［16］祝家丰：《马来西亚后 308 政治海啸与两线制下的华教发展：华教之路平坦了吗?》，《亚洲文化》2014 年第 38 期。

［17］祝家丰：《海外华文教育辛酸史：马来西亚华教运动个案研究，1995—2008》，刘泽彭主编：《互动与创新：多维视野下的华侨华人研究》，广西师范大学出版社，2011 年。

［18］ KPM（Kementerian Pendidikan Malaysia）, *Laporan Awal Pelan Pembangunan Pendidikan Induk Malaysia*, 2013 - 2025, KPM, 2012.

［19］ Francis Loh Kok Wah, "Developmentalism and the Limits of Democratic Disourse". In Francis Loh Kok Wah & Khoo Boo Teik eds., *Democracy in Malaysia: Discourses and Pratices.* Curzon Press, 2002.

［20］ R. S. Milne & Diane K. Mauzy, *Malaysian Politics under Mahathir.* Routledge, 1999.

［21］ Minderjeet Kaur, "Study: Chinese Schools may be main schools in 10 years", *Free Malaysia Today*, 5 August, 2016.

［22］ Sia Keng Yek, *SRJK（CINA）dalam Sistem Pendidikan Kebangsaan:*

Dilema dan Kontroversi, Penerbit Universiti Malaya, 2005.

［23］Shamsul Amri Baharuddin, "Text and Collective Memories: The Construction of 'Chinese' and 'Chineseness' from the Perspective of a Malay". In Leo Suryadinata ed., *Ethnic Relations and Nation-building in Southeast Asia: the Case of Ethnic Chinese*, Institute of Southeast Asian Studies, 2004.

［24］Tan Chee Beng, "Ethnic Relations in Malaysia in historical and Sociological Perspectives", *Kajian Malaysia*, 1987（1）.

［25］Tan Liok Ee, *The Politics of Chinese Education in Malaya 1945 – 1961*, Oxford University Press.

［26］Tan Yong Ling, *Pertambahan Murid Melayu di Sekolah Rendah Jenis Kebangsaan Cina Daerah Kuala Pilah: Motivasi, Cabaran dan Adaptasi*, Disertasi MA, Universiti Malaya, 2018.

［27］Voon Phin Keong, "Population movements and the Chinese community in Malaysia". In Leo Suryadinata & Lee Hock Guan eds., *Chinese Migration in Comparatives Perspectives: Adaptation and Development*, Chinese Heritage Centre and Centre for Chinese Language and Culture, 2009.

［28］Myron Weiner, "Political Change: Asia, Africa, and the Middle East". In Myron Weiner & Samuel Huntington eds., *Understanding Political Development*: 33 – 64, Little Brown, 1987.

［29］Zainal Abidin, Abdul Wahid, *Bahasa, Pendidikan dan Pembangunan* (《语文、教育和发展》), Siri Bicara Bahasa, Bil. 5. Dewan Bahasa dan Pustaka & Persatuan Linguistik Malaysia, 2001.

离散法缘：20 世纪初至 1949 年的跨南海佛教联系[*]

谢明达[**]

【摘 要】厦门南普陀寺近几十年来的修复及其南海佛教网络的重启，于中国东南地区自改革开放以来的宗教复兴而言，至关重要。本文以南普陀寺为例，聚焦南海佛教网络在早期扮演的角色，探讨 20 世纪初至 1949 年华侨华人与中国之间跨区域的佛教联系。佛教徒移民的新模式促进了南海一带的人员、思想和资源的流通。通过这些网络，佛教僧侣和教义从中国流向东南亚，而来自富裕华侨的资金则流向中国用于建设寺庙；除此之外，依靠这些网络，佛教僧侣在抗日战争期间支援中国的同时，也迁往东南亚。本文亦通过分析这些网络来解释现代佛教思想于 20 世纪初至 20 世纪中叶在东南亚的兴起。

【关键词】南普陀寺；厦门；南海；佛教网络；华侨华人；东南亚

---

* 笔者特别感谢 Anne Blackburn、郑维仪、Kate Crosby、Penny Edwards、韩光、艾提婕、释融道、桑高仁、Eric Tagliacozzo 及两位匿名审稿人的宝贵建议。笔者也感谢李明晏、王思思、王嘉雯和王坤利给予翻译及校正上的帮助。本研究获得了新加坡国立大学（R – 110 – 000 – 107 – 133）、何鸿毅家族基金和圣严教育基金会的资助。本文为拙作 "Diaspora's Dharma: Buddhist Connections across the South China Sea, 1900 – 1949" 的中文译稿。

** 作者简介：谢明达，新加坡国立大学历史系助理教授（Email：jackchia@ nus. edu. sg）。

一、引言

1982 年，妙湛法师（1910—1995）担任南普陀寺管理委员会主任。[①] 1966—1976 年，寺院遭受"文化大革命"的破坏。"文化大革命"结束之后的第六年，妙湛决心修复寺院，使其重现昔日中国东南地区佛教教育中心的辉煌。他着手重启联系厦门市和海外华人之间的佛教网络，并成功通过此跨区域网络获得海外华人，特别是东南亚僧侣和信徒们的财务支持。20 世纪 80 年代末，寺院原址修复完成。与此同时，他还进行着扩建闽南佛学院这项雄心勃勃的计划，以及新的禅房、图书馆、方丈室和客堂设施的建造。[②]自 70 年代末改革开放政策实施以来，南普陀寺的修复和南海佛教网络的重启是东南地区宗教复兴的重要因素。[③]

笔者认为，南海佛教网络的历史根源，需在清末的厦门贸易网络和大规模华人移民脉络下展开探讨。厦门是福建省主要沿海城市。许多历史学家认为，厦门沿海优势不仅使其成为海上贸易的主要港口，还为许多厦门侨乡的居民提供移民东南亚的便利。吴振强主张，厦门自 17 世纪中叶开始崛起，并发展成为南洋海上贸易的中心。[④]自 1684 年设立海事海关以来，一直到 19 世纪中叶，厦门都是国产商品和外国商品的分销中心。吴振强指出，厦门沿海的贸易网络将北边的天津、上海和宁波，东边的台湾，西边的广东和泉州，以及南边的南洋连接了起来。[⑤]周子峰认为，厦门活跃的海上贸易促进其与外界的频繁接触以及华侨华人的汇款，从而促使这一沿海城市在 20 世纪初迅速城市化。[⑥]

华侨华人与厦门侨乡之间的联系受到了许多学者的关注。例如，卡罗林·卡

[①] 妙湛法师于 1928 年随进修老和尚出家。新中国成立以后，法师住锡厦门，成为南普陀寺的监院。"文化大革命"期间，他被安排为小卖部主任。1979 年，法师才重任监院职务。关于妙湛法师的简要传记，见《厦门佛教志》，厦门大学出版社，2006 年，第 298 – 300 页。

[②] David L. Wank, "Institutionalizing Modern 'Religion' in China's Buddhism: Political Phases of a Local Revival". In Yoshiko Ashiwa and David L. Wank eds., *Making Religion*, *Making the State*: *The Politics of Religion in Modern China*, Stanford University Press, 2009, pp. 134 – 135.

[③] 笔者在 *Monks in Motion* 一书中提出"南海佛教"（South China Sea Buddhism）的概念，以探讨中国与东南亚汉传佛教之间的历史连接。见 Jack Meng-Tat Chia, *Monks in Motion*: *Buddhism and Modernity across the South China Sea*, Oxford University Press, 2020, pp. 2 – 3.

[④] Chin-Keong Ng, *Trade and Society*: *The Amoy Network on the China Coast*, 1683 – 1735, Singapore University Press, 1983.

[⑤] Chin-Keong Ng, *Trade and Society*: *The Amoy Network on the China Coast*, 1683 – 1735.

[⑥] 周子峰：《近代厦门城市发展史研究，1900—1937》，厦门大学出版社，2005 年。19 世纪及 20 世纪上半叶，许多海外华人将钱寄回中国，以期改善家人的生活。

地亚（Carolyn Cartier）认为，即使厦门的当地经济在 19 世纪及 20 世纪初出现了停滞，但当华侨在东南亚赚到了钱并将钱汇回侨乡时，这些"流动资本"随之推动了厦门的城市化进程。① 另外，柯幕贤（James Cook）也强调华侨在闽粤侨乡地区，尤其是厦门现代化中所起的关键作用。②到了 20 世纪 20 年代，许多华侨返回厦门，并在 1927—1932 年为侨乡的发展做出了贡献，促成了厦门快速的现代化和城市化。柯幕贤进一步指出，这些汇款网络后来为当今"大中华"中心的东南沿海一带的繁荣和现代化奠定了基础。③梅青研究了厦门的建筑史，认为华侨在进行社会和政治改革方面扮演了重要的角色，促使厦门从一个贸易及港口城市转变为归侨、当地精英和百姓的"首选居住地"。④ 总体而言，关于厦门的多数研究都强调这座城市的经济活力及其贸易网络，以及华侨华人及其与侨乡之间的紧密联系。尽管先前的研究已对商业和汇款网络做出阐明，却未探讨厦门在南海的佛教网络。厦门是海上贸易网络要点与移民中心，而南普陀寺在厦门又占据了优越的地理位置，这促成笔者对厦门市以及东南亚华人的南海佛教网络的进一步讨论。

自宋朝（960—1279）以来，佛教在福建的地位举足轻重。这在当时的闽南，尤其是享有"泉南佛国"盛誉的泉州相当突出。⑤早期针对福建佛教的研究厘清了自东汉时期（25—220）至 20 世纪之间中国南部省份的宗教编年史。⑥这些研究简要地提到了自 19 世纪中叶以来华人的移民活动和佛教向东南亚传播，却忽略了联系中国东南地区和东南亚华人的南海佛教网络的存在。随着改革开放以来

———————————

①　Carolyn L. Cartier, *Mercantile Cities on the South China Coast*：*Ningbo*，*Fuzhou*，*and Xiamen*，*1840 - 1930*，Ph. D. dissertation, University of California, Berkeley, 1991；*Globalizing South China*，Blackwell, 2001.

②　James A. Cook, *Bridges to Modernity*：*Xiamen*，*Overseas Chinese*，*and the Southeast Coastal Modernization*，*1843 - 1937*，Ph. D. dissertation, University of California, San Diego, 1998.

③　James A. Cook, *Bridges to Modernity*：*Xiamen*，*Overseas Chinese*，*and the Southeast Coastal Modernization*，*1843 - 1937*，pp. 3 - 4.

④　Qing Mei, "Houses and Settlements：Returned Overseas Chinese Architecture in Xiamen, 1890s - 1930s", Ph. D. dissertation, The Chinese University of Hong Kong, 2003.

⑤　王十朋（1112—1171）手书"泉南佛国"现仍可见于福建省晋江市南天寺附近的崖石上。

⑥　见王荣国：《福建佛教史》，厦门大学出版社，1997 年；陈支平编：《福建宗教史》，福建教育出版社，1996 年；高令印等：《厦门宗教》，鹭江出版社，1999 年。

的佛教复兴，部分学者开始关注华侨华人对修复东南地区佛教寺院的贡献。①人类学家足羽与志子（Yoshiko Ashiwa）及社会学家王达伟（David Wank）认为，由僧侣亲属、忠诚关系和地域网络所构成的僧侣和信徒之间的跨国网络，促进了人员、金钱和资源的流动，使制度化佛教组织在东南亚与北美地区得以盛行。借助在厦门南普陀寺的田野调查，他们发现 20 世纪 80 年代以来东南亚和北美的寺院、僧侣和信徒与厦门的寺院联系的宗教网络。②类似的研究试图为 20 世纪初华侨人数的增长和佛教向海外的传播提供一些历史背景，但它们主要还是在中国自 80 年代以来宗教复兴的研究背景下解释这些跨国宗教网络。尽管这些研究对改革开放之前佛教和华侨华人之间的宗教网络鲜少涉及，却也为探讨这些佛教网络的连续性和意义提供了一个切入点。

　　本文以南普陀寺为例，探讨 20 世纪初至 1949 年之间联系中国和华侨的跨区域佛教网络。佛教徒移民的新模式促进了南海的人员、思想和资源的流通。此研究试图回答两个问题：①在 20 世纪上半叶，南普陀寺及其南海佛教网络如何将中国和东南亚华侨华人联系起来？②宗教网络内流通着什么，产生了怎样的影响？笔者认为，一方面，佛教僧侣通过这些网络从中国迁移至东南亚，富裕的华侨华人则通过此网络将资金捐助于建设中国的寺庙；另一方面，佛教僧侣在抗日战争期间通过这些网络支援中国抗战的同时，也通过这些网络迁往东南亚。

　　本研究的材料主要为地方志、高僧传记、文集、华侨志，以及笔者在中国厦门、马来西亚和新加坡进行田野调查所得的资料。其一，笔者将讨论 19 世纪至 20 世纪上半叶华人的移民及汉传佛教向东南亚的传播。其二，笔者将通过捐赠、弘法和抗日战争三个主题来介绍南海佛教网络，以说明这些跨区域宗教联系如何与 20 世纪初至 1949 年之间的移民潮和社会政治改革相互交织。文末，笔者将总结南

---

　　① Yoshiko Ashiwa, "Dynamics of the Buddhist Revival Movement in South China: State, Society, and Transnationalism", *Hitotsubashi Journal of Social Studies*, 2000 (32), pp. 15 – 31; Raoul Birnbaum, "Buddhist China at the Century's Turn". In Daniel L. Overmyer ed., *Religion in China Today*, Cambridge University Press, 2003, pp. 122 – 144; Yoshiko Ashiwa and David L. Wank, "The Globalization of Chinese Buddhism: Clergy and Devotee Networks in the Twentieth Century", *International Journal of Asian Studies*, pp. 217 – 237; Yoshiko Ashiwa and David L. Wank, "State, Association, and Religion in Southeast China: The Politics of a Reviving Buddhist Temple", *Journal of Asian Studies*, pp. 217 – 237.

　　② Yoshiko Ashiwa and David L. Wank, "The Globalization of Chinese Buddhism: Clergy and Devotee Networks in the Twentieth Century", *International Journal of Asian Studies*, 2005, 2 (2), pp. 217 – 237; Yoshiko Ashiwa and David L. Wank, "State, Association, and Religion in Southeast China: The Politics of a Reviving Buddhist Temple", *Journal of Asian Studies*, 2006, 65 (2), pp. 217 – 237.

普陀寺及其跨区域网络在联系东南亚华侨华人与中国方面发挥的至关重要的作用。

二、跨南海，下南洋

作为福建省的一个主要沿海城市，自 17 世纪以来，厦门已发展成为南海的贸易中心。清朝收回台湾和 1684 年海禁解除后，福建的华人便将注意力集中在厦门贸易网络之海上贸易。由于占尽了中国东南沿海的地理优势，厦门充当起分销中国本地商品和外国商品的海事中心。①到 1757 年，厦门已成为中国大陆通往中国台湾地区，以及日本和东南亚的出口。第一次鸦片战争在 1842 年结束后，厦门成了一个见证着活跃的国际贸易和大规模的华人移民活动的条约港口。②

厦门的移民史相当悠久。根据《厦门华侨志》记载，这一历史可追溯到 14 世纪。该书中收录的同安黄氏族谱记载了一名家族成员移居南洋（今东南亚）并于 1465 年离世的事迹。明嘉靖至万历年间（约 1522—1620），小规模的华人移民持续发生。③例如，厦门人苏鸣岗、李君常、曾其禄等分别移民至荷兰殖民地的巴达维亚和马六甲，并成为当地华侨社群的杰出领导人。④

然而，大规模的华人移民到了 19 世纪中叶才出现，并一直持续到 20 世纪 30 年代。这样大规模的移民潮是受到了中国内部的牵动及外部世界的推动。中国在鸦片战争中的失败以及随后签署的不平等条约对移民产生了两个重大的影响。其一，条约为西方列强对中国港口管辖及帝国势力的扩张，乃至招募并运送华人劳工到海外提供了"法律框架"。其二，战争和鸦片贸易重创了南部沿海省份的经济，影响了当地社会发展。许多人口流离失所，造成了大规模的贫困甚至饥荒。正如孔飞力（Philip Kuhn）所主张，西方列强"打开了中国国门"，"不仅产生了招募劳动力的机制，还使该劳动力在社会和经济上被连根拔起"。⑤此外，自然灾害、饥荒、人口压力和叛乱等其他因素也迫使华人离开家园，到海外寻求更好

---

① Chin-Keong Ng, *Trade and Society: The Amoy Network on the China Coast, 1683 – 1735*, pp. 5 – 96.

② James A. Cook, *Bridges to Modernity: Xiamen, Overseas Chinese, and the Southeast Coastal Modernization, 1843 – 1937*, pp. 5 – 6.

③ 《厦门华侨志》，鹭江出版社，1991 年，第 11 页。

④ 《厦门华侨志》，第 2 页。

⑤ Philip A. Kuhn, *Chinese Among Others: Emigration in Modern Times*, p. 111.

的机会。① 中国自 19 世纪以来面临的问题，厦门几乎都免不了。凭借其作为港口城市的地理优势及其所拥有的国际贸易网络，厦门成为"历史上福建向外移民的核心地区"②。据估计，在 1870—1930 年，平均每年有 105 577 名来自厦门和福建其他地区的人口移居海外，前往东南亚和北美各地。③大多数的厦门移民定居在马来亚、新加坡、菲律宾和荷属东印度群岛，从事贸易、运输、黄梨和橡胶种植，以及制糖业。④一些厦门移民在其所在国发家致富，并向厦门侨乡汇回了大笔款项。据柯幕贤估计，在 1905—1937 年，东南亚华侨汇回厦门的款项超过了10 亿银圆。⑤

　　华人移民至东南亚，尤其是马来亚和新加坡，为佛教的兴起和华侨社群的寺庙建设做出了贡献。从 19 世纪末至 20 世纪初，华人在马来亚和新加坡建立了几座著名的汉传佛教寺院，其中包括建立于 1891 年的极乐寺、1898 年的双林寺、1911 年的洪福寺、1913 年的普陀寺，以及 1920 年的光明山普觉寺。⑥几十年后，汉传佛教传入了菲律宾。旅菲中华佛学研究会和大乘信愿寺分别于 1931 年和1936 年成立。⑦华人移民的到来和定居，以及随后在东南亚建设的佛教寺院，促成了联系中国和东南亚华侨的南海佛教网络的形成。

三、南海佛教网络的建构

　　清末民初，中国社会政治的变化引发了佛教改革运动，进而推动了充满生机的南海佛教网络的形成。汉传佛教改革运动的重点包括：①佛教寺院领导体制的

---

　　① Joyce Ee, "Chinese Migration to Singapore, 1896 – 1941", *Journal of Southeast Asian History*, 1961, 2 (1), p. 33; Yen Ching-hwang, *A Social History of the Chinese in Singapore and Malaya, 1800 – 1911*, Oxford University Press, 1986, pp. 1 – 3.

　　② Philip A. Kuhn, *Chinese Among Others: Emigration in Modern Times*, p. 185.

　　③ 《厦门华侨志》，第 1 页。

　　④ 《厦门华侨志》，第 32 – 45、49 – 67 页。

　　⑤ James A. Cook, *Bridges to Modernity: Xiamen, Overseas Chinese, and the Southeast Coastal Modernization, 1843 – 1937*, pp. 225, 233.

　　⑥ 欲进一步了解马来亚和新加坡的佛教历史，见 Benny Liow Woon Khin, "Buddhist Temples and Associations in Penang, 1845 – 1948", *Journal of the Malayan Branch of the Royal Asiatic Society*, 1989, 62 (1), pp. 57 – 87；释传发：《新加坡佛教发展史》，新加坡佛教居士林，1997 年；陈秋萍：《移民与佛教：英殖民时代的槟城佛教》，南方学院，2004 年。

　　⑦ 有关菲律宾佛教的研究，见 Ari C. Dy, *Chinese Buddhism in Catholic Philippines: Syncretism as Identity*, Anvil Publishing, Inc, 2015.

改革；① ②佛教研究机构与居士及妇女组织的成立；②③佛教期刊，如《佛学月报》《觉社丛书》和《海潮音》的出版；④佛法书籍的印刷、免费流通以及佛教图书馆的开设；③⑤佛教学院如武昌佛学院、闽南佛学院和汉藏教理院的成立；④⑥佛教慈善活动的促进。⑤

南普陀寺坐落于厦门岛南部五老峰和太武山之间的海湾，是民国时期改革僧侣在东南地区的主要基地。据《厦门南普陀寺志》所载，该寺院初名"泗洲"。宋治平年间（1064—1067），寺院改名为普照寺。元朝期间（1271—1368），寺院荒置。明洪武年间（1368—1398），觉光法师重建了寺院，并在寺院内供奉释迦牟尼佛和观世音菩萨。明朝末年，寺院被战争摧毁。清康熙年间（1662—1722），福建水师提督施琅（1621—1696）修复了寺院，并将其改名为南普陀寺。⑥该寺院占了厦门沿海港口城市的地理优势，而厦门正是跨区域贸易网络的重要节点以及华人移民的中心，因此该寺院无形中孕育了 20 世纪的佛教改革运动。⑦

1924 年，会泉法师（1874—1942）被选为南普陀寺的方丈，并成为福建省僧伽教育的倡导者。一年后，他创立了闽南佛学院。民国时期，闽南佛学院是东南地区颇具影响力的佛教教育中心。⑧该学院提供全面的三年制教育，覆盖的领域包含佛教学说、僧伽戒律、国文、数学、历史、地理、科学、哲学、艺术、体育、社区服务等，以及英语和日语等外语。⑨会泉对促进佛教教育所做的努力使

---

① 王荣国：《福建佛教史》，第 345 – 347 页。

② James B. Jessup, *The Householder Elite*: *Buddhist Activism in Shanghai. 1920 – 1956*, Ph. D. dissertation, University of California, Berkeley, 2010; James B. Jessup, "Buddhist Activism, Urban Space, and Ambivalent Modernity in 1920s Shanghai". In Jan Kiely and James B. Jessup eds., *Recovering Buddhism in Modern China*, Columbia University Press, 2016, pp. 37 – 78.

③ Gregory A. Scott, *Conversion by the Book*: *Buddhist Print Culture in Early Republican China*, Ph. D. dissertation, Columbia University, 2013; Gregory A. Scott, "A Revolution of Ink: Chinese Buddhist Periodicals in the Early Republic". In Jan Kiely and James B. Jessup eds., *Recovering Buddhism in Modern China*, Columbia University Press, 2016, pp. 111 – 140.

④ Lai Rongdao, *Praying for the Republic*: *Buddhist Education*, *Student Monks*, *and Citizenship in Modern China* (*1911 - 1949*), Ph. D. dissertation, McGill University, 2013; Lai Rongdao, "The Wuchang Ideal: Buddhist Education and Identity Production in Republican China", *Studies in Chinese Religions*, 2017, 3 (1), pp. 55 – 70.

⑤ 王荣国：《福建佛教史》，第 354 – 356 页。

⑥ 《厦门南普陀寺志》，厦门南普陀寺，1933，第 1 – 2 页。

⑦ 《厦门佛教志》，第 7 页。

⑧ 《厦门南普陀寺志》，第 83 – 84 页；《厦门佛教志》，第 273 – 275 页。

⑨ 《厦门南普陀寺志》，第 83 – 84 页；《厦门佛教志》，第 507 页。有关闽南佛学院的课程，见《厦门南普陀寺志》，第 41 – 43 页。

他获得"闽南僧中巨擘"的美誉。在结束了南普陀寺方丈兼闽南佛学院创始院长的三年职务之后，会泉于 1927 年退位让贤，其职位由太虚大师（1890—1947）继任。

太虚大师是民国时期汉传佛教改革运动之先驱者与先导者。中华民国成立之后，太虚率先发起了"佛教复兴运动"，主张改革僧伽制度和促进教育的发展。1922 年，太虚创立了武昌佛学院，旨在教育新一代的年轻僧侣。[①]一年后，他成为世界佛教联合会的首任主席。随着其与志同道合的佛教改革僧侣之间活动增加，富有声望的太虚被选为会泉的接班人，继任南普陀寺方丈兼闽南佛学院院长之职。[②]太虚是当时充满活力却也充满争议的改革僧侣，他积极呼吁通过"制度的重组、现代教育、富有同情心的社会行动以及全球宣教中的普世合作"来振兴汉传佛教。[③]由于当时的汉传佛教过于消极并着重往生与经忏礼仪，太虚因此主张把"人生佛教"作为对汉传佛教的改革理念，并大力推广佛教教育以及提倡人间净土的理想。[④]

四、跨海募集资金

20 世纪初，南普陀寺在连续几任改革僧侣的领导下成了中国南方佛教改革运动的中心。尽管如此，该寺院逃不过厦门各地"人满为患及卫生条件不佳"的命运，[⑤]最终寺院"宗风寥落，殿宇荒凉"[⑥]。修复寺院及推动佛教改革运动所需要的新基础设施和资源都需要一笔资金，而南海佛教网络正好促成了华侨社群给予南普陀寺的捐赠。通过南海佛教网络，身为该寺院方丈的喜参（1848—1911）曾四次亲自前往新马两地，为寺院修复项目筹集资金。来自富裕的华侨信徒的捐赠使他得以重建大雄宝殿和僧舍。[⑦]

---

① 欲进一步了解武昌佛学院，见 Lai Rongdao, "The Wuchang Ideal: Buddhist Education and Identity Production in Republican China", pp. 55 – 70.

② 《厦门佛教志》，第 278 – 280 页。

③ Don A. Pittman, *Towards a Modern Chinese Buddhism: Taixu's Reforms*, University of Hawai'i Press, 2001, p. 2.

④ 有关太虚对弥勒信仰的见解，见 Justin R. Ritzinger, *Anarchy in the Pure Land: Reinventing the Cult of Maitreya in Modern Chinese Buddhism*, Oxford University Press, 2017.

⑤ James A. Cook, *Bridges to Modernity: Xiamen, Overseas Chinese, and the Southeast Coastal Modernization, 1843 – 1937*, p. 222.

⑥ 见《喜参老和尚塔铭并序》，南普陀寺，1982 年。

⑦ 《厦门佛教志》，第 7 页。

随着喜参方丈募款的成功，南普陀寺的数名僧侣也进行了募款，以资助寺院的扩建和支持佛教改革运动。1911 年，一群僧侣前往新加坡和马来亚为寺院募款。两年后，转初、转道和转岸等法师在新加坡建立了普陀寺，以作为集资者和南普陀寺行脚僧的海外基地。在新加坡建立了基地之后，转道及其同道不仅筹集了足够的资金来资助南普陀寺的扩建，还为太平岩和厦门的其他寺院筹募了资金。①

太虚成为南普陀寺的方丈之后，继续通过南海佛教网络向华侨募款，并积极地招徕富裕的赞助者。1926 年初次到访新加坡时，太虚拜访了华侨社群的杰出领导人，并与两位著名的地方领导，即陈嘉庚（1874—1961）及胡文虎（1882—1954）建立了友谊。陈嘉庚是一名出生于厦门的富商，于 1890 年移居新加坡，并在当地成为一名受人尊敬的商界和社群领袖。他曾两次出任新加坡中华总商会主席，并领导重组了新加坡福建会馆，在该地区弘扬中华文化和教育方面发挥着重要的作用。②太虚到访新加坡时，陈嘉庚接待了他，并邀请他参观自己的橡胶园、工厂和商店。③胡文虎创办了局部止痛的虎标万金油，成了成功而富有的商人和慈善家。他经常向中国及东南亚各地的医院、学校和佛教寺院慷慨解囊。④太虚到访新加坡时，胡文虎也接待了他，并邀请他在自己的别墅住下。⑤下榻胡文虎别墅期间，太虚与胡文虎进行了关于佛教和商业的讨论。他建议胡文虎做一名诚实正直的商人，并为慈善事业做出贡献。同时，他也鼓励胡文虎在日常生活中实践佛教教义。⑥

太虚和这些华人地方领导人的友谊显示了南海佛教网络的重要性。通过这些网络，太虚得以与华人领导人建立友谊，从而向他们筹募资金，也获得了向他们讲经说法的机会。陈嘉庚和胡文虎等富裕的华人领导人是国内外佛寺的重要施主。太虚从他们身上募得的资金得以用于南普陀寺的各种建筑项目，以及资助当时积极推广佛教教育的闽南佛学院。⑦太虚力求完善佛学院的设备，并通过设立

---

① 张文学：《海清转道禅师》，中国社会科学出版社，2017。

② C. F. Yong, *Tan Kah Kee：The Making of an Overseas Chinese Legend*, Oxford University Press, 1987.

③ 太虚：《太虚自传》，1945 年，第 185 页。

④ Sam King, *Tiger Balm King：The Life and Times of Aw Boon Haw*, Times Books International, 1992.

⑤ 太虚：《太虚自传》，第 185 页。

⑥ 太虚：《与胡文虎君谈话》，《太虚大师全书》（第 27 卷），善导寺佛经流通处，1956 年，第 741 – 742 页。

⑦ 释传发：《新加坡佛教发展史》，第 92 – 94 页。

中文系和日语系来实现其成为一流教育机构的目标。①1928 年，观音殿被大火烧毁，太虚和寺院委员会的执行委员一起展开了一项雄心勃勃的募款项目，以寻求华侨信徒的捐款。②五年之内，他们就筹集了约 56 000 银圆，用于重建观音殿。③

南海佛教网络在将东南亚华人社群的资金传送到厦门的南普陀寺这件事上，起着至关重要的作用。实际上，通过佛教网络进行的资金流动可以更广泛地联系华侨和厦门的汇款网络并行观察。20 世纪上半叶，华侨在厦门的现代化建设中扮演着举足轻重的角色。二三十年代，政府着手发展北京、济南、南京和天津等城市地区，由于资金缺乏，收效甚微。但厦门因华侨经商成功注入的资本，转变为一座拥有宽阔大街、市政公园、现代住宅和办公大楼的现代化城市。④华侨的捐款也帮助修护和扩建南普陀寺，并为东南地区推动佛教改革提供了宝贵的资金。以上的叙述表明了金钱资源如何通过世俗和宗教网络从东南亚流向厦门，为 20 世纪上半叶厦门的发展做出贡献。

五、弘扬佛法

太虚大师为佛教改革运动制订了宏伟计划。他打算组织一场全球性的普世佛教运动，将佛教改革运动扩展到世界各地。⑤为此，改革僧侣通过南海佛教网络，试图将佛教教义向东南亚华人传播。1926 年 9 月，太虚在新加坡维多利亚纪念堂举行了一系列佛法开示，吸引了大批华侨参与闻法。⑥由于当时新加坡大多数的佛教寺院更着重僧侣的修行生活，太虚认为，成立居士佛教团体将有利于向华侨社群推广佛教教义。于是，太虚在他的一次演讲中提议建立一个居士佛教协会，作为推广在家学佛的宗教基地。⑦

宁达蕴居士受到太虚的启发，发起新加坡第一个居士佛教组织。他在转道法师和当地华人精英的支持下，于一年后的 1927 年成立了新加坡中华佛教会。⑧位

---

① 《厦门南普陀寺志》，第 2 页。

② 见《厦门南普陀重建观音殿募捐缘起》，厦门南普陀寺，1928 年。

③ 见《南普陀寺重建大悲殿记》，厦门南普陀寺，1933 年。

④ James A. Cook, *Bridges to Modernity：Xiamen, Overseas Chinese, and the Southeast Coastal Modernization, 1843–1937*, pp. 223–224.

⑤ Don A. Pittman, *Towards a Modern Chinese Buddhism：Taixu's Reforms*, pp. 105–106.

⑥ 太虚：《太虚自传》，第 182–185 页。

⑦ 释传发：《新加坡佛教发展史》，第 96 页。

⑧ 释传发：《新加坡佛教发展史》，第 96–97 页。

于新加坡唐人街牛车水的中华佛教会是新加坡第一个居士佛教团体，为当地佛教运动的兴起奠定了基础，也为华侨社群提供教育和福利服务。由于当时大多数的华人都居住在牛车水，中华佛教会便成了向华人社群弘扬佛法和提供社会服务的重要机构。①中华佛教会的成立见证了佛教改革思想从厦门到新加坡的传播，也展示了太虚通过制度重组使佛教振兴和现代化的尝试，及如何使佛教扎根于华侨社群中。简言之，佛教网络为佛教改革思潮在新加坡的兴起做出了贡献，并为后来的佛教组织奠定了基础。

为了实现他的普世大计，太虚制订了建立世界佛教联合会的计划，认为这可以进一步将南海佛教网络扩展为全球佛教网络，以方便向世界各地弘扬佛教。因此，他提议设立南洋佛教会。这将是一个把如今的三个东南亚国家（印度尼西亚、马来西亚和新加坡）联系起来的区域性佛教组织。太虚认为新加坡可以作为佛教传播活动的区域中心，由此南洋佛教会的总部应设于此。太虚希望该组织可以将这三个东南亚国家与更大的全球佛教网络联系起来。②他看到了佛教在新加坡的发展潜力，并认为，在新加坡建立区域佛教中心将有助于促进佛教教育、提供社会服务以及开展佛教研究。③尽管太虚对全球佛教网络的构想从未实现，却也透露出他以普世眼光扩展南海佛教网络的各种尝试。④

南海佛教网络对于佛教在菲律宾的发展至关重要。1898年，美西战争结束后，菲律宾根据《巴黎条约》的条款被西班牙移交给美国。在美国的殖民统治下，菲律宾实施政教分离，人民从而享有更大的宗教自由。⑤然而，尽管华人已在菲律宾侨居良久，但菲律宾的第一个佛教机构，即旅菲中华佛学研究会，直到1931年才成立。信愿寺，即菲律宾的第一座佛教寺院在五年后建立。南普陀寺喜参方丈的弟子性愿法师（1889—1962）成了信愿寺的第一任方丈。⑥性愿法师在菲律宾华人社群中备受推崇，俗家弟子中有影响力的华人领袖包括蔡文华、蔡金枪、施性水、施性通、苏行三和姚乃昆。继在菲律宾成功拓展传播佛法的工作

---

① 纪传盛：《跨越75年，群力一条心：中华佛教会会庆极盛》，《南洋佛教》第404期，第8-11页。

② 太虚：《全南洋佛教组织之希望》，《太虚大师全书》（第28卷），善导寺佛经流通处，1956年，第234页；太虚：《南洋佛教会之战展望》，《太虚大师全书》（第28卷），第618-619页。

③ 太虚：《南洋佛教会之战展望》，《太虚大师全书》（第28卷），第618-619页。

④ Don A. Pittman, *Towards a Modern Chinese Buddhism*: *Taixu's Reforms*, pp. 255-298.

⑤ Jayeel Serrano Cornelio, "Religious Freedom in the Philippines: From Legalities to Lived Experience", *The Review of Faith & International Affairs*, 2013, 11 (2), pp. 36-45.

⑥ 《厦门佛教志》，第289页；于凌波：《中国佛教海外弘法人物志》，慧炬出版社，1997年，第168页。

之后，性愿通过南海佛教网络把瑞金、善契、常勤和妙钦等法师从福建邀请到菲律宾，向华侨社群弘扬佛法。性愿的弘法工作使菲律宾在短短二十年间，兴建了多座佛教寺院及建立多个居士佛教协会，佛教信徒也增加到了约十万人。①

在 20 世纪上半叶，南海佛教网络促成了改革僧侣在东南亚的弘法事业。这样的宗教联系促进了佛教僧侣从中国向东南亚的移民，也促进了佛教改革思想和教义向华侨社群的传播。在信愿寺的个案中，性愿通过宗教网络从南普陀寺引进多位僧侣，以协助他在菲律宾的弘法活动。

六、助战，避乱

1937 年抗日战争全面爆发时，爱国的佛教僧侣倡导"念佛不忘救国"。②南海佛教网络成为佛教徒筹募捐款的重要资源。1938 年日本占领厦门之后，该网络也成了僧侣们逃离厦门的"逃生路线"。

圆瑛法师（1878—1953）在马来亚和新加坡的佛教传播中发挥了积极的作用。1923 年，光明山普觉寺的开山方丈转道法师邀请圆瑛前往新加坡进行一系列的佛法开示。1937 年抗日战争爆发时，圆瑛成立了"中国佛教灾区救护团"。他与弟子明旸法师（1916—2002）前往东南亚，为中国的救灾活动筹募资金，并弘扬佛法。③ 1938 年，圆瑛在槟城期间受邀接替本忠法师，成为极乐寺的方丈。④圆瑛凭借从华侨社群募集的捐款，组织了三支救护队，即第一京沪僧侣救护队、第二汉口僧侣救护队，以及第三宁波僧侣救护队。此外，圆瑛还在上海建立了一家佛教医院，为北方的受伤士兵和战俘提供医疗服务。上海沦陷后，圆瑛和明旸因抗日活动被捕。⑤

不同于圆瑛，其他僧侣并不是依靠南海佛教网络为抗战活动筹募资金，而是通过该网络逃离中国的战事并在东南亚寻求避难所。这些僧侣包括会泉、宏船（1907—1990）、广洽（1900—1994）和常凯（1916—1990）等法师。他们逃到

---

① 《厦门佛教志》，第 289 页；于凌波：《中国佛教海外弘法人物志》，第 169 页。

② 有关中日战争期间佛教战时爱国主义的研究，见 Xue Yu, *Buddhism, War, and Nationalism: Chinese Monks in the Struggle against Japanese Aggressions, 1931–1945*, Routledge, 2005.

③ 《厦门佛教志》，第 285 页。

④ 王荣国：《福建佛教史》，第 377 页。

⑤ 王荣国：《福建佛教史》，第 380 页。

马来亚和新加坡，并成了华侨华人社群著名的佛教领袖。[1] 1937 年，广洽来到新加坡，成为新加坡佛教居士林的导师，并担任龙山寺方丈一职。[2]一年后，会泉到了新加坡，在龙山寺任教。他后来成了槟城妙香林寺的住持，一直住在马来亚至 1943 年圆寂。[3]会泉圆寂后，其弟子宏船继任槟城妙香林寺住持一职，并于 1943 年接替转道成为新加坡光明山普觉寺的方丈。[4]

日本对中国沿海地区的入侵和占领破坏了连接厦门和东南亚华侨的南海佛教网络。日本占领华南之后，一些僧侣随国民党撤退至重庆，而另一些则向南逃往东南亚。《厦门佛教志》显示，至日本占领期间的 1945 年，厦门仅剩下 78 名僧侣。[5]尽管战后网络短暂重启，但一年后国共内战的爆发以及复杂的冷战环境，迫使许多佛教僧侣走出国门，去往东南亚各地弘法布教。[6]直到三十年后，随着中国的改革开放，南海佛教网络才得以重启。[7]

七、结语

本文探讨 20 世纪上半叶连接南普陀寺和东南亚华侨社群之南海佛教网络。正如欧阳瑞（Raoul Birnbaum）指出，清末和民国时期对汉传佛教提出许多革新思维，这些思维日后奠定了当今中国众多佛教习俗。[8]因此，当代的南海佛教网络可说是 20 世纪上半叶发展的佛教联系的延续。这些跨区域宗教网络的兴起是华人移民和佛教从中国向东南亚传播的产物。佛教网络从华侨社群那里筹集资金来资助厦门的寺庙建设和佛教改革运动，促进改革僧侣在东南亚的弘法活动，也

---

① 《厦门佛教志》，第 8 页。

② 陈全忠，《化雨注南海，塔波归故国：广洽法师生平述略》，《闽南佛学院学报》1998 年第 20 期，第 89 页；《厦门佛教志》，第 295 – 296 页。

③ 《厦门佛教志》，第 275 页。

④ 《宏船法师纪念特刊》，光明山普觉禅寺，1993 年，第 61 页；《厦门佛教志》，第 294 – 295 页。

⑤ 《厦门佛教志》，第 8 页。

⑥ 《厦门佛教志》，第 50 页。

⑦ 见 Yoshiko Ashiwa, "Dynamics of the Buddhist Revival Movement in South China: State, Society, and Transnationalism", *Hitotsubashi Journal of Social Studies*, pp. 15 – 31; Raoul Birnbaum, "Buddhist China at the Century's Turn". In Daniel L. Overmyer, ed., *Religion in China Today*, pp. 122 – 144; Yoshiko Ashiwa and David L. Wank, "The Globalization of Chinese Buddhism: Clergy and Devotee Networks in the Twentieth Century", *International Journal of Asian Studies*, pp. 217 – 237; Yoshiko Ashiwa and David L. Wank, "State, Association, and Religion in Southeast China: The Politics of a Reviving Buddhist Temple", *Journal of Asian Studies*, pp. 217 – 237.

⑧ Raoul Birnbaum, "Buddhist China at the Century's Turn". In Daniel L. Overmyer ed. *Religion in China Today*, p. 122.

为他们在抗日战争期间的筹款以及日本占领后的逃离做出了贡献。由此可见，跨区域宗教联系对于连接中国和东南亚的佛教社群具有重要的意义。

南普陀寺的地理优势对于解释跨南海的宗教联系发展非常重要。自 17 世纪以来，厦门一直是南洋海上贸易中心，直至 19 世纪中叶，厦门成为主要的侨乡。鉴于早期学者对厦门贸易和汇款网络的相关研究，本研究在宗教层面的着墨，更加表明连接中国东南地区和东南亚的多种形式跨区域网络的共存。这些网络细节的厘清，同时也体现厦门僧侣对整个东南亚汉传佛教的兴起所做出的贡献。

Diaspora's Dharma: Buddhist Connections across the South China Sea

Jack Meng-Tat Chia

Abstract: The restoration of Nanputuo Monastery (Nanputuo si, 南普陀寺) in Xiamen and the revival of its South China Sea Buddhist networks in recent decades are significant factors in the religious resurgence in southeast China since the reform and open-door period. This article looks at an earlier role of such networks in this region, using Nanputuo Monastery as a case study to explore the transregional Buddhist connections between southeast China and the Chinese diaspora from the turn of the twentieth century to 1949. It argues that new patterns of Buddhist mobility contributed to the circulation of people, ideas, and resources across the South China Sea. On the one hand, Buddhist monks and religious knowledge moved along these networks from China to Southeast Asia, while money from wealthy overseas Chinese was channelled along the networks for temple building in China; on the other hand, Buddhist monks relied on the networks to support China's war effort and facilitate their relocation to Southeast Asia during the War of Resistance. Examining these networks also explains the emergence of modernist Chinese Buddhism throughout Southeast Asia in the early to mid-twentieth century.

Key Words: Nanputuo Monastery, Xiamen, South China Sea, Buddhist Networks, Overseas Chinese, Southeast Asia

二十世纪一二十年代美洲洪门致公堂改堂组党若干问题初探

石晓宁*

【摘　要】二十世纪一二十年代，是美洲洪门致公堂计划改堂组党以及政治主张形成时期。本文试在以往研究的基础上，从民国元年（1912）后北美侨社内部党争的角度，探究美洲洪门致公堂组党的原因、政治主张以及组织发展。民国元年后，美洲洪门致公堂政治主张发生转变，从主张革命转为拥护共和，尤以其在中华革命党时期（1914—1919）与孙中山国民党的决裂为表现；至20世纪20年代，美洲洪门致公堂开始计划组党并付诸实施。本文试对这一过程加以梳理，并对美洲洪门与孙中山决裂、1923年五洲洪门第三次恳亲大会，以及1925年上海五祖祠开幕庆典、驻美金山中国致公党总部开幕的史料进行整理，以补充以往研究之不足。

【关键词】美洲；洪门致公堂；改堂组党；五祖祠；国民党；党争

---

　*作者简介：石晓宁，加拿大籍华人，文学博士，加拿大约克大学语言、文学与语言学系合约教授。主要研究方向为北美华侨华人史。

20 世纪之交，来自中国的海外政治流亡者孙中山、康有为，在北美华侨社区（以美国与加拿大为主）首建政治团体同盟会、保皇会。这些团体的建立标志着北美华侨社区开始参与到祖国的政治活动中，也改变了其社区的结构，出现了政治团体（政界）。这一改变也成为美洲洪门致公堂（以下简称"美洲洪门"）参与到祖国政治的开始。到民国元年（1912）后，尤其在孙中山创建的中华革命党时期（1914—1919），受到国内政治的影响，北美侨社出现了主张继续革命与拥护共和的党争。美洲洪门在党争中属拥护共和一方，最终与孙中山的国民党决裂。在 20 世纪 20 年代，因不满"官僚势炽，军阀专横"的政局，以及孙中山以俄为师、一党专政的政制，美洲洪门决定组党，并进入酝酿筹备阶段。

美洲洪门改堂组党的历程，学界已有诸多研究成果，① 但有些问题还有探求的空间。如潮龙起先生指出目前研究"多从中国本位角度考察"，"没有将其置于美国华侨社会的特定结构中分析其参与革命、组党参政的政治要求"。② 故本文试从清末海外政治流亡者对北美侨社政治形态的改变入手，进而从二十世纪一二十年代北美侨社内部政治党争的角度，③ 探讨美洲洪门组党的原因以及其计划组党阶段尚不清晰的某些过程。本文除了参考美洲洪门、中国国民党的档案，还借助中国台湾、北美各图书馆档案以及北美华人、西人报刊等资料做补充，以与同道商榷。

一、辛亥革命前海外政治流亡者与北美侨社参与祖国政治的肇始

美洲洪门在 20 年代提出组党计划，与 19 世纪末以来北美侨社开始参与到清末政治生活中有关。日后代表中国革命和立宪的两大政治主张的团体派别——兴中会、保皇会分别于 1894 年、1899 年创建于北美。④ 从北美侨社角度看，侨社

---

① 参见秦宝琦：《中国洪门史》，福建人民出版社，2012 年；邵雍：《中国近代会党史》，合肥工业大学出版社，2009 年；王起鹍：《海外洪门与中国致公党》，中华文化出版社，2018 年；潮龙起：《移民、秩序与权势：美国华侨堂会史研究》，暨南大学出版社，2019 年；陈昌福：《司徒美堂与中国洪门民治党》，《上海市社会主义学院学报》2013 年第 6 期；陈昌福：《从会党向政党转型——中国致公党的建立》，《上海社会主义学院学报》2016 年第 1 期；陈昌福：《"亦合、亦分"；"亦堂亦党"——解读司徒美堂与中国致公党的关系》，《上海市社会主义学院学报》2014 年第 6 期。

② 潮龙起：《移民、秩序与权势：美国华侨堂会史研究》，第 9 页。

③ 参见孔飞力：《他者中的华人》，江苏人民出版社，2016 年，第 248－254 页。

④ 按照张玉法先生的观点，这些政治团体只能称为党派团体，还不是成熟的政党。参见张玉法：《清季的立宪团体》，台湾"中央研究院"近代史研究所，1971 年，第 1－4 页；张玉法：《清季的革命团体》，台湾"中央研究院"近代史研究所，1975 年。

第一次出现了政治团体，输入式地"引导华侨从只顾个人私利转向关心和参加中国的政治活动"①，并永久地改变了北美侨社的政治生态。

19 世纪中后期，美国、加拿大分别开始实施的排华法案与人头税法案，剥夺了华侨政治权利以及从业安居的选择，使其身份定位停留在客籍（sojourner）侨居上。更为深远的后果，是排华使华侨无法建立对住在国的归属感②，始终停留在对祖国的身份认同上。而从 1909 年开始的第一部《国籍法》对于定居海外华侨身份的血统认定③，以及落叶归根的传统观念，又强化了华侨这一认同，使立宪和革命两大团体在侨社中以爱国为倡导、发动参与祖国政治有了基础。

从侨社与住在国及祖国的关系看，在祖国政治引入前，住在国的排华歧视使唐人街无从融入当地社会，成为封闭的孤岛。华侨社区政治多围绕"保侨护侨"。④ 以加拿大域多利（维多利亚旧称）中华会馆缘起为例，侨社要"怯外患，必先驳苛例，消内患，必先禁绝华娼。欲求忧患永无，则又必设立中华会馆，以联络众情；又必请设领事驻扎，以办理交涉"⑤，都是立足自我防御、对住在国歧视与歧视法案的抗争上。从清末政府的角度看，尽管清廷逐步从长期视华侨为弃民的态度，转而用卖官鬻爵的形式拉拢侨商，但其目的是获取经济利益，且不使其与中国政治相关。

从侨社内部看，北美侨社中原无政治团体。由于北美华侨多为广东籍农民，早期侨社结构由单一的劳工、商人构成，社团除中华会馆外，有邑界（地缘性组织）、姓界（血源性组织）、商界和绅界，此外就是堂界（洪门组织）。⑥直到保皇会建立，侨社才出现了政界。1899 年流亡中的康有为在加拿大建立保皇会大获

① Yossi Shain, *The Frontier of Loyalty*, Wesleyan University Press, 1989, p. 15. 黎全恩、丁果等：《加拿大华侨移民史》，人民出版社，2013 年，第 186 页。

② Lisa Rose Mar, *Brokering Belonging: Chinese in Canada's Exclusion Era, 1885 – 1945*, Oxford University Press, 2010, p. 5；Harry Con, Edgar Wickberg, et al., *From China to Canada*, McClelland and Stewart Ltd., 1982, p. 7.

③ 1909 年清廷通过中国第一部《国籍法》，规定只要父母一方是中国血统，海外出生的子女均自动取得中国国籍。1912 年北洋政府《中华民国国籍法》延续了清廷以血统主义取得国籍的方法，把定居在国外的具有中国血统的公民、后裔称为"华侨"；北洋政府还通过了《参议院组织法》，规定参议院要有 6 位华侨议员的比例。

④ 刘伯骥：《美国华侨史》，黎明文化事业股份有限公司，1976 年，第 179 页。

⑤ 李东海：《加拿大华侨史》，加拿大自由出版社，1967 年，第 39 页。

⑥ 何炳棣：《中国会馆史论》，学生书局，1966 年，第 99 页；刘伯骥：《美国华侨史》，第 193 页。

成功，①随即动员海外侨民借为光绪与慈禧的庆寿提出归政光绪，引起清廷对"外洋华旅"的注意。②至 1900 年"己亥废储，海外电谏"时，慈禧"每得一电辄色变"，开始意识到海外侨民势力的存在③，并开始对海外保皇会进行严密查禁④，正可说明国内政治已经进入北美侨社，华侨也开始自愿参与其中。

同时要看到，处于 20 世纪之交的中国早期的海外政治流亡者与国内政权间构建了新的国家认同关系。孙中山以"排满革命、光复汉室"为号召，提出了对民族国家及对现政府的忠诚问题⑤，比起 1894 年孙中山的兴中会，民国前保皇会在侨社中的动员更加成功，因其保救皇帝的号召更有维护皇权合法性依据⑥，但是海外侨社从此面临支持祖国政权还是海外政治流亡者之间的选择。这一点尤其在二次革命后的中华革命党时期，在北美侨社的党争中体现得更为明确。

无论如何，保皇会第一次使国内政治与海外侨社相连，"可谓全球华侨的第一次政治总动员，导致其民族（中华）和群体（华侨）意识的首次广泛觉醒，所具有的划时代意义不容低估"⑦。美洲洪门也是从此时开始参与政治活动，到 20 世纪 20 年代酝酿回国改堂组党，其原因也不可避免地与上述变局相关。

二、美洲洪门致公堂辛亥革命前后的政治转变

19 世纪中叶会党组织洪门三合会随着赴美华工的到来，洪门致公堂势力最大，也略趋中立化⑧，但并不具有政治属性。辛亥革命前，美洲洪门都受到过康

---

① 冯自由：《华侨革命开国史》，商务印书馆，1947 年，第 103 页；高伟浓：《二十世纪初康有为保皇会在美国华侨社会中的活动》，学苑出版社，2009 年，第 25 页。

② 桑兵：《庚子勤王与晚清政局》，北京大学出版社，2004 年，第 34－35 页。

③ 高伟浓：《二十世纪初康有为保皇会在美国华侨社会中的活动》，第 12 页；桑兵：《庚子勤王与晚清政局》，第 37、49 页。

④ 丁贤俊、喻作凤：《伍廷芳集》，中华书局，1993 年，第 73 页；丁兆江、赵丰田编：《梁任公先生年谱长编》（初稿），中华书局，2010 年，第 93、110、112、118 页；桑兵：《庚子勤王与晚清政局》，第 465 页。

⑤ Yossi Shain, *The Frontier of Loyalty*, pp. 6－7. 海外侨社与住在国关系，参看乌克兰裔加拿大人与加拿大的关系研究为旁证。Frances Swyripa, "The Ukrainian Image: Loyal Citizen or Dialoyal Alien". In Frances Swyripa and John Herd Thompson, *Loyalties in Conflict*, University of Toronto Press, 1983, pp. 47－67.

⑥ 冯自由：《革命逸史》（中），新星出版社，2009 年，第 602 页。冯自由：《华侨革命开国史》，第 103 页；高伟浓：《二十世纪初康有为保皇会在美国华侨社会中的活动》，第 25 页。

⑦ 桑兵：《庚子勤王与晚清政局》，第 9 页；冯自由：《华侨革命开国史》，第 103 页；冯自由：《革命逸史》（中），第 456 页。

⑧ 刘伯骥：《美国华侨史》，第 227 页。

梁、孙中山的影响。① 美洲三藩市（旧金山旧称）洪门致公总堂早期并未接受革命思想。1905 年孙中山在旧金山成立同盟会时②，洪门致公堂虽曾大力营救其登陆，"惟对于国内起兵反清诸役，向无供应情事"③。直到 1911 年孙中山再次赴美时，由于冯自由的鼓动，孙中山从加拿大洪门致公堂处募捐成功④，而三藩市洪门致公总堂也同意与同盟会联合⑤，使得美洲洪门在民国前有了"中国之最早之革命党"的政治身份认知。⑥

进入民国后，受国内政党分合影响⑦，美洲侨社也出现了宪政党、共和党和国民党三个公开的政党。保皇会改帝国宪政会为中国宪政会，作为海外华侨政党存在⑧；1912 年 6 月，中国共和党驻美洲总支部⑨、加拿大云高华埠（温哥华旧称）共和党总支部成立⑩；同年 8 月 25 日，中国同盟会与其他党派组成国民党，其海外支部也相继改名。美洲国民党以三藩市为美洲总支部。⑪

民国元年后的美洲洪门各堂口以革命先进自居，并要改变会党的性质，立案

---

① 冯自由：《海外各地中国同盟会史略》，《革命逸史》（中），第 747－751 页；陈忠平：《维多利亚、温哥华与海内外华人的改良和革命（1899—1911）》，《社会科学战线》2017 年第 11 期；石晓宁：《从革命到建设：辛亥革命前后海外华人政治心态的蜕变——以〈大汉公报〉及崔通约为例》（以下简称《从革命到建设》），《社会科学辑刊》2014 年第 6 期，第 159－167 页。

② 冯自由：《华侨革命开国史》，台湾商务印书馆，1953 年，第 64－69 页。

③ 廖平子：《美洲三藩市中国同盟会之历史》，杜元载：《革命文献》（第六十五辑），台湾文物供应社，1974 年，第 509 页。

④ 冯自由：《华侨革命开国史》，第 105－107 页；冯自由：《中国革命运动廿六年组织史》，中正书局，1954 年，第 222－223 页；国民编译社：《黄花岗烈士殉难记》，国民编译社，1926 年，第 32 页。

⑤ 廖平子：《辛亥前美洲之革命运动》，《革命文献》（第六十五辑），第 513 页。

⑥ 《少年中国晨报》（以下简称《少年报》），1915 年 3 月 6 日、7 月 3 日，第 3 版；3 月 25 日第 12 版。

⑦ 李剑农：《中国近百年政治史》，台湾商务印书馆，1971 年，第 365－366 页。

⑧ 武宪子：《中国民主宪政党史》，《世界日报》，1952 年，第 67、94 页；方庆秋：《北洋军阀统治时期的党派》，档案出版社，1994 年，第 219－220 页；《少年报》，1912 年 9 月 8 日第 4 版，9 月 9 日第 3 版，11 月 27 日第 1 版；《大汉日报》，1914 年 8 月 1 日第 7 版。

⑨ 《世界日报》，1912 年 5 月 16 日第 12 版，6 月 25 日第 3 版；《大汉日报》，1915 年 6 月 14 日、8 月 2 日，第 3 版。

⑩ 共和党驻美加两地支部，现只查有报刊记载，但《黎元洪档案》中提到该党与"美洲华侨致公堂"的关系，参见方庆秋：《北洋军阀统治时期的党派》，第 219－220 页；《少年报》，1912 年 9 月 8 日第 4 版，9 月 9 日第 3 版，11 月 27 日第 1 版；《大汉日报》，1914 年 8 月 1 日第 7 版。

⑪ 罗家伦：《革命文献》（第四十一辑），台湾文物供应社，1973 年，第 17－24、38－42、71－72 页；《少年报》，1912 年 10 月 28 日第 3 版；刘伟森：《全美党史：中国国民党历程与美国党务百年发展史》（以下简称《全美党史》）（上），海宇文化事业有限公司，2004 年，第 219 页；黄季陆：《革命文献》（第四十八辑），台湾文物供应社，1969 年，第 91 页；中国国民党驻都朗度分部第四十三届委员会编纂：《中国国民党驻都朗度分部史料初稿》（以下简称《都朗度分部初稿》），1969 年，第 36 页。

成为正式会社。①但是各埠洪门随后在政治主张上出现分歧。美国以及加东多伦多、蒙特利尔等洪门致公堂认同孙中山革命主张，更名为中华国民公会。② 而在加拿大西部温哥华、维多利亚等地的洪门致公堂政治立场则由主张革命转为主张建设，拥护民国政府，并于1913年获政府立案，③与加拿大宪政党、共和党同盟，和加拿大国民党发生了党争。④

三、中华革命党时期美洲洪门致公堂与国民党支部的分裂

二次革命后国民党被取缔，孙中山再度流亡，在日本建立中华革命党（1914—1919）。美洲国民党⑤在侨社中号召反袁革命⑥，使美洲侨社出现对袁世凯政权与孙中山政治流亡党的合法性、忠诚性的认同分化，党争激烈。虽然从1915年在国内抵制"二十一条"到袁世凯恢复帝制时期，宪政党等呼吁侨社团结一致⑦，但是孙中山认为此时正是推翻袁世凯统治的最佳时机。⑧故美洲国民党建起北美讨袁敢死队、航空学校等军事力量⑨，加拿大120余名华侨敢死队员于1916年回国讨袁。⑩ 美洲国民党还两次实施暗杀赴美的反对党派成员黄远庸和汤

① 潮龙起：《移民、秩序与权势：美国华侨堂会史研究》，第237页。

② 《少年报》，1911年10月8日第3版；1915年3月6日、7月3日，第3版，3月25日第12版；《全美党史》（上），第172页。

③ 《大汉日报》，1914年9月17日第3版；中国洪门民治党驻加拿大总支部：《加拿大洪门一百四十周年纪念特刊1863—2003》，第156页。

④ 《大汉日报》，1914年9月29日第1版，1915年6月14日、7月2日、8月2日，第3版。本段参见石晓宁：《从革命到建设》，第159–167页。

⑤ 三藩市中华革命党美洲总支部于冬季成立。时任美洲总支部代正支长的冯自由，认为在对外名称上，以中华革命党的名义公然在外国筹饷起兵，实属有违当地例禁，"本党此次最大目的在筹饷，为筹饷便利计，表面上仍应沿用国民党名义，以避免外人借口干涉"。所以中文仍保留国民党之称，英文以Chinese National League在政府注册，此英文名仅美洲各埠党部可用。冯自由：《革命逸史》（中），第631–638页；《革命文献》（第四十一辑），第442页；《中国国民党在海外》（上篇），中国国民党中央委员会第三组，1961年，第147页；《少年报》，1914年2月23日第2版，7月28日第3版；《全美党史》（上），第250页。

⑥ 《中国国民党在海外》（上篇），第140页。

⑦ 《大汉日报》，1915年5月13日第1版；《共和党集议》，《大汉公报》，1915年11月22日第3版。

⑧ 广东省社会科学院历史研究室等：《孙中山全集》（第3卷）（以下简称《孙中山全集》），中华书局，1984年（说明：原版权页题作者名为：广东省社会科学院历史研究室、中国社会科学院近代史研究所中华民国研究室、中山大学历史系孙中山研究室合编），第130–131页；罗刚：《中华民国国父实录》（以下简称《实录》）（第4册），《罗刚先生全集》（续编），财团法人罗刚先生三民主义奖学金基金会，1988年，第2509–2514、2543–2546、2588–2593、2601–2602页。

⑨ 《革命文献》（第四十一辑），第16–17页；《革命文献》（第四十五辑），台湾文物供应社，1969年，第422、430–435、495、504–507页；《革命文献》（第四十八辑），第50–52、92–95页。

⑩ 《革命文献》（第四十五辑），第430–431、503–522页。

化龙，造成了加拿大政府对加拿大国民党的取缔。①

此时最大的党争，为美洲金山洪门致公总堂与孙中山的分裂。分裂原因目前集中于偿还捐款、稽勋、立案等，②但是中华革命党时期美洲侨社党争是直接因素。

民国伊始，除了加西洪门致公堂外，美洲大部分洪门致公堂跟随孙中山，至1915年3月，还有加拿大堂口声讨加西洪门的反孙立场。③但是有些迹象似已表明1914年孙中山与美洲大部分洪门产生分离。今查旧金山美洲国民党机关报《少年中国晨报》发现，1914年7月三藩市国民党讨袁筹饷的民国维持总会成立时④，旧金山洪门致公总堂发布金山大埠洪门筹饷总局布告，称接内地洪门机关函电筹饷，与民国维持总会公告分别刊出⑤，与同盟会时期二者联合时的布告迥异。⑥查《孙中山全集》等记载，1914年11月，孙中山发出《各埠洪门改组为中华革命党支部通告》后⑦，就几无相关洪门致公堂的喻告。⑧对于美洲洪门改组中华革命党，仅有加拿大多伦多和满地可（今蒙特利尔）致公堂有回应。⑨

1915年2月，波士顿洪门致公堂大佬梅宗炯与司徒美堂致信金山总堂黄三德等大佬，报告兼入波士顿洪门致公堂的国民党人，提出要把洪门捐款"直寄大埠维持会"的"不入耳"之建议，被他们回绝。⑩4月，旧金山国民党《民口杂志》

---

① 《少年报》，1915年12月26日第2、3版；《大汉日报》，1915年12月27日第2版；冯自由：《革命逸史》（中），第635页。

② 秦孝仪：《国父年谱》，近代中国出版社，1989年，第346页；《革命文献》（第四十五辑），第495－496页；五洲致公总堂编印：《五洲致公总堂革命历史图录170周年纪念特刊1848—2018》（以下简称《五洲致公总堂图录》），旧金山五洲致公总堂，2018年，第84－94、105、114页；潮龙起：《移民、秩序与权势：美国华侨堂会史研究》，第237－240页；《大汉公报》，1915年5月12日第1版，5月18日、19日，第2版；黄三德：《洪门革命史》，出版信息不详，第41－42页。

③ 《少年报》，1915年3月6日第3版。

④ 《少年报》，1914年7月7日第3版；《全美党史》（上），第254－255页。

⑤ 《少年报》从1914年7月10日第3版开始刊登金山大埠洪门筹饷总局布告近一个月。

⑥ 《少年报》，1911年3月5日、6月27日，第3版；6月19日第11版。

⑦ 《孙中山全集》（第3卷），第140－141页。

⑧ 孙中山于民国八年（1919）十月十四日《复加拿大陈树人告爱国储金奖章事函》中还提到了满地可致公堂，登载于《加拿大国民党布告录》第十八号。刘伟森：《孙中山与美加华侨》，近代中国出版社，1999年，第284页。

⑨ 《吐朗度致公堂改组中华革命党》报道了蒙特利尔与多伦多致公堂的改组，见《少年报》，1915年4月17日、7月3日，第3版。

⑩ 该信复印件展于广东省台山银信博物馆。有关梅宗炯与司徒美堂事迹，参见石晓宁：《美国华侨司徒美堂的活动与生平考》，《海外华人研究》（第四辑），暨南大学出版社，2020年，第37－49页。

发表了孙中山给金山大埠美洲洪门致公总堂堂主黄三德的回信。[1]5 月，金门致公总堂曾任国会华侨议员的唐琼昌回美[2]，6 月，《大汉日报》即发出金门总堂革出冯自由，以及赵昱退出国民党等公告[3]，以免"洪门势力之被分割"[4]。至 1915年下半年，护国运动起，海外洪门"照美国金山致公总堂章程办理"。金门总堂派出黄三德、赵昱去南美洲巴拿马、秘鲁游埠，另有特派员赴非洲、南洋洪门，反对袁世凯称帝，联络扩张洪门党势。[5]从金门总堂 1915 年末的捐款记录看，各堂捐款支持云南都督府唐继尧。[6] 可以从此看出，1915 年是美洲洪门与孙中山分裂的时段。

1916 年袁世凯殂逝，孙中山结束流亡生涯，在党内发出"破坏既终，建设方始，革命名义已不复存，即一切党务亦应停止"[7] 的命令，但是国民党（中华革命党到 1919 年方改为中国国民党，但此时海内外依然沿用旧称）与"研究系"新一轮党争又开始，后又建南方军政府与北京政府对峙。

美洲侨社内国民党的活动也未停止，党争日趋激化。1916 年 9 月，国内国会《天坛宪法草案》中废立孔教问题[8]在加拿大引起废立党争，党争双方为国民党对洪门致公堂、宪政党等党派团体。10 月，国民党借机发动域多利中华会馆暴动事件，暴力袭击刚在会馆换届选举中获胜的洪门致公堂正副董事。[9] 从此，美洲国民党与美洲洪门类似的暴力事件频繁出现。[10] 1915—1920 年，旧金山金门总

---

① 刘伟森：《孙中山与美加华侨》，第 270－272 页；秦孝仪：《国父年谱》，第 346 页。《五洲致公总堂图录》，第 84－94、105、114 页；《大汉日报》，1915 年 5 月 12 日第 1 版，5 月 18 日、19 日，第 2 版；黄三德：《洪门革命史》，第 41－42 页。

② 《五洲致公总堂图录》，第 84－94 页；《大汉日报》，1915 年 5 月 13 日第 3 版。

③ 《大汉日报》，1915 年 6 月 14、16、30 日，第 3 版。

④ 《大汉日报》，1915 年 6 月 19 日第 2 版，1916 年 7 月 4 日第 1 版；石晓宁：《从革命到建设》，第 159－167 页；李东海：《加拿大华侨史》，第 251 页。

⑤ 《南洋洪门欢迎游埠员纪盛》，《大汉公报》，1915 年 11 月 23 日第 3 版；《巴拿马洪门救国之进行》，《大汉公报》，1915 年 11 月 25 日第 3 版。

⑥ 《五洲致公总堂图录》，第 114－115 页。

⑦ 《实录》（第 4 册），第 2897 页。

⑧ 彭春凌：《〈新青年〉陈独秀与康有为孔教思想论争的历史重探》，《北京大学学报（哲学社会科学版）》2014 年第 3 期，第 117－131 页；黄克武：《民国初年孔教问题之争论（一九一二——一九一七）》，《台湾师大历史学报》1984 年第 6 期，第 197－223 页。

⑨ 《大汉公报》，1916 年 9 月 19、22、27 日，10 月 7、9、11、30 日，11 月 1 日，第 3 版；1917 年 2月 1 日，6 月 21 日，第 3 版。*The Daily Colonist*, 1916, Oct. 10, 11, 31, p. 7, Nov. 21, p. 10, Nov. 24, p. 13, Nov. 25, p. 12, Dec. 6, p. 15；1917, Feb. 1, p. 8.《革命文献》（第四十五辑），第 473 页。

⑩ 《大汉公报》，1917 年 1 月 12、17 日，第 3 版。

堂录有大量各埠洪门告"妖党"（国民党）施暴的"筹捐讼费"求助函。① 至 1923 年五洲洪门第三届恳亲大会，此类讼案依然为各埠主要的提案之一。②

1916 年 10 月加拿大域多利中华会馆暴动事件过后，11 月域多利洪门致公总堂即"愤其（国民党——笔者注）凶残，特结社团以抵御之"，率先成立核心组织洪门达权社，剔除洪门中"脚踏两条船"的国民党人③，维护组织纯洁，其他各埠洪门达权社也相继成立。④到 1918 年，美洲洪门召开第一届恳亲大会决定停用"中华民国公会"，统一恢复"致公堂"名，以"拥护真正共和，联络侨情，结合团体，振兴事业、教育为宗旨"⑤，但并没有提出组党议题。

四、20 世纪 20 年代初中国民主党派组党潮与美洲洪门组党酝酿

20 世纪 20 年代是中国一个重要的转折时期。⑥ 1922 年第一次直奉战争后，吴佩孚欲恢复法统和旧国会。孙传芳、梁启超等号召南北两政府同时取消，南北统一。⑦北京政府徐世昌去职总统，而孙中山在南方发动北伐，拒绝下野。广州军政府中，陈炯明先以与孙中山主张有异而辞职，后"宣言粤军本以护法而起，现黎大总统复职，法统重光，请孙中山下野"，发动六一六事件。⑧

1921 年，中国共产党成立，马克思主义在中国开始传播。此时"政治改革道路的不同选择不再被定义为'革命'与'改良'之争，或激进与温和之别，而是被建构为'革命'与'反革命'的你死我活"⑨。孙中山此时模仿布尔什维克的组织形式，更在 1924 年国民党一大上明确提出"要把党放在国上"⑩。国民党

①　《五洲致公总堂图录》，第 75、77、132 – 145 页。

②　《五洲洪门第三次恳亲大会代表团修订联络根本章程》，加拿大哥伦比亚大学图书馆网站，https：//open. library. ubc. ca/collections/chung/chungtext/items/1. 0132415，2021 年 8 月 21 日。

③　观海：《斥杜若之放恣》，《大汉公报》，1917 年 9 月 15 日第 9 版。

④　《大汉公报》，1917 年 12 月 11 日第 3 版，1918 年 7 月 8 日第 2 版；中国洪门民治党驻加拿大总支部：《加拿大洪门一百四十周年纪念特刊 加拿大洪门 140 周年贡献 1863—2003》，第 168 页。

⑤　《五洲致公总堂图录》，第 75、77、123、127 页；《大汉公报》，1916 年 7 月 4 日第 1 版，1917 年 4 月 13 日第 3 版，1921 年 6 月 8 日第 2 版；黄三德：《洪门革命史》，第 37 – 55 页；李东海：《加拿大华侨史》，第 243 – 246 页；简建平：《中国洪门在加拿大》，中国洪门民治党驻加拿大总支部，1989 年，第 43 页。

⑥　王奇生：《革命与反革命：社会文化视野下的民国政治》，社会科学文献出版社，2010 年，第 71 – 78 页；邱钱牧：《中国政党史（1894—1949）》，山西人民出版社，1991 年，第 462 – 467 页。

⑦　丁文江、赵丰田编：《梁任公先生年谱长编》（初稿），第 505 页。

⑧　陈演生：《陈竞存先生年谱》（增订本），龙门书店有限公司，1980 年，第 30 页。

⑨　王奇生：《革命与反革命：社会文化视野下的民国政治》，第 98 页。

⑩　李剑农：《最近三十年中国政治史》，学生书局，1974 年，第 550 页。

以俄为师，催生了 1923 年反对一党专政的青年党、新中国党的成立。

在北美侨区，由于美洲华侨多来自粤省，在对待南方军政府的立场上，多不满于其"祸国祸粤"，支持陈炯明粤军靖粤。[①]"孙陈分裂事件，华侨之有党籍者亦裂为陈孙两派。致公堂份子多与反孙派接近，颇有拥陈抗孙之拟议。"[②] 美洲洪门此时继续坚持反对国民党，开始运筹组党的计划。

1921 年时，金门致公总堂第二次恳亲大会还以捐款在广州建五祖祠，兴办教育、实业等为主。[③] 到了 1923 年，美洲洪门检讨自身在辛亥革命"破坏"后，不争功而退、"不事建设之方"，致使中国大局不可救药。"凡共和立宪国家，必有大政党，以督促国政之进行。民国十有二载，无真正政党之足云"[④]，决定要"成立政党，参政救国"。同时也鉴于美洲洪门在侨社中"被妖党陷害我手足、犹欲推倒致公堂三字。是可忍，孰不可忍"，"我洪门因屡受人愚弄，故三次恳亲大会决定自行组党"。[⑤]

五、1925 年驻美金山中国致公党总部、上海五祖纪念祠开幕典礼两大会议梳理

1923 年美洲洪门召开五洲洪门第三次恳亲大会，第一次提出在上海修祠、预备组党。在广州建五祖祠本是二次大会的议决，但是"以粤局纠纷，碍于进行"，故此次以上海致公堂为海外洪门在中国本土的据点，由上海致公堂的赵昱负责修祠总工作。[⑥]有关上海致公堂的研究与资料较少，1916 年美洲洪门立案时有在上海、广州设立分堂的筹划。1920 年赵昱回国，1922 年，澳大利亚"即于是年十月十日，在悉尼召开洪门恳亲大会，决议在上海设立致公总堂，……得款

①　《大汉公报》，1922 年 9 月 11 日第 2 版，1923 年 10 月 12 日第 1 版；《中西日报》，1924 年 12 月 18、19、20 日，第 5 版，12 月 24 日第 7 版。

②　《华字日报》，1925 年 4 月 22 日，转引自陈定炎：《陈竞存（炯明）先生年谱》，桂冠出版社，1995 年，第 901 页；《陈炯明复大埠致公堂电文》，《大汉公报》，1922 年 9 月 11 日第 2 版。参看《中西日报》1923—1925 年的广东新闻。

③　《大汉公报》，1921 年 6 月 7 日第 1、2 版。

④　黄三德：《与洪门昆仲商榷书》，《大汉公报》，1923 年 10 月 3、5 日，第 1 版；1922 年 4 月 19、20 日，6 月 28 日，第 1 版，7 月 13 日第 3 版。

⑤　《五洲致公堂驻沪代表敬告洪门全体叔父昆仲书》，《五洲致公总堂图录》，第 142、183 页。

⑥　简建平：《中国洪门在加拿大》，第 46、50 页；陈匡民：《美洲华侨通鉴》，纽约美洲华侨文化社，1950 年，第 66 页；《五洲洪门第三次恳亲大会代表团修订联络根本章程》，加拿大哥伦比亚大学图书馆，https://open.library.ubc.ca/collections/chung/chungtext/items/1.0132415，2021 年 8 月 21 日；《大汉公报》，1923 年 10 月 11、12、15、16 日，第 2 版，10 月 12 日第 1 版。

甚巨，赵等返港后，即与黄士衡、凌伯静至上海，在辛家花园十号，组织致公总堂，由赵昱负责"，"此为中国致公堂最初发轫之时期"。① 上海致公堂于 1923 年 2 月 1 日成立，并动手"草订党纲"②，"新入党员，至于万余人之多"③。

1923 年大会上，各堂代表手写签名了《洪门组党章程》，其中有"公认上海致公堂为海内筹备洪门组党总机关""公认金山致公总堂为海外筹备洪门组党总机关"两条④，因此，1925 年 3 月五祖祠修毕，金山、上海两地分别有 10 月 10 日驻美金山中国致公党总部和 9 月 12 日上海五祖纪念祠开幕典礼两大庆典。长期以来，对 1925 年旧金山中国致公党成立研究较多，但绝少涉及上海五祖祠开幕典礼⑤，这使 1925 年美洲洪门组党历史的一环不完整，也无法解释之后经年洪门致公堂依然孜孜不倦的组党行动。本文试以分叙。

1. 1925 年 9 月 12 日上海五祖祠开幕庆典

1925 年 3 月 9 日，"洪门之良基"五祖祠在上海建成。故有加拿大总堂通告各分堂悬旗志庆，"建五祖祠于沪上，……借以统一中外之公堂"，为海外洪门组党进程之开端。⑥陈炯明派陈应权、萧少石赴美商议组党，5 月至古巴，古巴致公堂与金门总堂信中也有"五祖祠告成，政党行将组织，得陈公之实力扶掖之……"之语。8 月 6 日，陈应权等人到纽约，纽约致公总分堂通告组党事外，也议决在五祖祠开幕日，"本处举行庆祝悬旗结彩助庆"、公宴。⑦从时间进程看，陈炯明方与洪门五祖祠二者都出现于当年洪门的记录中。

值得注意的是，按照 1923 年的五洲洪门大会决议，五祖祠建成后，方为洪门组党之开端。但是在 1925 年 9 月 12 日五祖祠开幕的报道中，并未提及中国致公党成立之事。当日赵昱在上海主持上海五祖祠开幕典礼，与墨西哥、檀香山、

---

① 《美洲金山致公总堂立案凭照》，《五洲致公总堂图录》，第 75、77、123 页；陈匡民：《美洲华侨通鉴》，第 64－65 页。

② 赵昱等：《上加属致公堂全人书》，《大汉公报》，1923 年 3 月 1 日第 1 版。

③ 《赵昱先生在古巴湾城致公堂演说词》，《大汉公报》，1924 年 2 月 19 日第 1 版；1922 年 1 月 12 日第 7 版。

④ 《五洲致公总堂图录》，第 182 页；《中国洪门民治党第一次代表大会宣言》，转引自方庆秋：《国民党统治时期的小党派》，档案出版社，1992 年，第 352 页。

⑤ 王起鹍：《海外洪门与中国致公党》，第 148、150 页。

⑥ 《五洲致公总堂图录》，第 129－131 页；《大汉公报》，1925 年 3 月 9 日第 1 版，5 月 21 日第 2 版；简建平：《中国洪门在加拿大》，第 70 页。

⑦ 《美东纽约致公总分堂通告》、林荣石致黄三德、易绮茜等人信，《五洲致公总堂图录》，第 216 页。

纽约、澳大利亚以及小吕宋代表共庆，美洲金山致公总堂代表马小进发言。嘉宾有前内阁总理、后在广东国民政府中任国民党中央监察委员和国民政府委员的唐绍仪以及后来成为国社党党魁的张君劢等人。其时孙中山逝世，上海唐绍仪的"金星系"四处活动，也运动各埠致公堂，欲举唐氏任总理，赵昱邀请了唐绍仪①，未提到陈炯明。

2. 1925 年 10 月 10 日驻美金山中国致公党总部开幕

1925 年，陈炯明派陈应权、萧少石来美商议组党，《大汉公报》、香港《华字日报》都报载中国致公党 8 月 20 日于旧金山成立，陈炯明于 9 月 12 日给金山复电祝贺。②《大汉公报》记：

> 洪门组党一事，酝酿已久。前年在金门开恳亲大会时，各地代表，一致通过组党之议案，嗣以上海祖祠建设时繁忙，无暇及此。……目前陈应权、林荣石两先生来此，与致公总堂诸公开会讨论此事，……同时加拿大、墨西哥、古巴、美东各公堂亦有同样之筹划，金以为政党之组织，刻不容缓。……因此致公党遂于八月二拾日成立，公举陈竞存先生为党魁，并择定今年拾月十日正式开幕。此组党之概也。③

两报皆照录其党纲草案，"五洲致公总堂，现进行改组政党。定名为致公党，今略志其党纲政纲草案如左……党纲一、拥护共和；二、发扬民治……政纲一、联省自治；二、发达民权……"④《华字日报》记"中华民国十四年九月一号"之时间，同时又"附驻美金山中国致公党委员会总会职员表"：

监督朱逸庭，委员长陈浩孙，副林荣石；参谋长易绮茜，副唐崇慈；文牍部长朱仲缉，副雷一青；财政部长陈象炜，副李申；收支员何春霖，核数员朱昌晃、陈观光，交际部主任伍盘照，交际部员薛北胜、童燕宾、陈文楼、黄三德、余群、陈献南、朱三进、陈春荣、雷金棠、麦友楠，党务部主任林贤献、曾吉、

① 《大汉公报》，1925 年 9 月 3 日、10 月 9 日，第 2 版；陈定炎：《陈竞存（炯明）先生年谱》，第 901－902、919 页；潮龙起提到了上海组党机关拥戴唐绍仪，但没有具体关于五祖祠的说明；潮龙起：《移民、秩序与权势：美国华侨堂会史研究》，第 247－249 页。

② 《大汉公报》，1925 年 9 月 17 日，第 2 版。

③ 《大汉公报》，1925 年 9 月 2、3 日，第 1、2 版。

④ 《大汉公报》，1925 年 9 月 2、3 日，第 1、2 版。

梁奕培、朱裔仰、邓宽、余鲁池、李务明、刘如、陈典恺、刘竹庵、骆桐际、方伦创，评议部主任黄任贤，评议部员胡维琳、黄炳霖、唐溢兴、黄杰、伍嵩翘、陈建泰、黄达仁、黄晓林、黄君迪、黄金、陈景文、关缉卿。①

值得注意的是，名单中未包括赵昱等五祖祠开幕的人员。10 月 10 日驻美金山中国致公党总部举行了为期半日的驻美金山中国致公党总部开幕庆典②，《中西日报》报道题为《致公党开幕盛典》：

> 美洲致公堂，改组政党，名为致公党。驻美总部在本埠。以原日致公堂为党所。昨礼拜六日行正式开幕典礼。……陈总理代表萧少石，……山多写致公党代表金谷子，古巴湾代表林荣石，古巴马丹沙代表萧少石，檀香山代表朱逸庭，屋仑代表王荣燕，……罗省代表黄日宣，子笋代表甄亦和，大同总机关代表何春霖，墨京致公党代表易绮茜。……一至正午开始，由赞礼员引正主席为陈浩孙就席，监督副主席盟长各职员，次第就席。（之后与会代表演说、茶会）……时已近晚，至昨午，复请集全体党员拍照。③

此次庆典的各埠代表都是由金山总堂成员代为出席，也没有议程，与目前学界的认定不同。④报道也未提 9 月 12 日五祖祠之成立⑤，而《大汉公报》对此次开幕全无报道。

3. 两个庆典意味着美洲洪门致公堂组党未完成

1925 年两个庆典各自活动，意味着海内外洪门行动不一，存在矛盾，这一点已有学者注意到。⑥金门驻美金山中国致公党总部开幕后，赵昱等人发出《五

---

① 《华字日报》，1925 年 11 月 18、19 日，第 3、6 版。
② 《中西日报》，1925 年 10 月 12 日第 3 版。《华字日报》，1925 年 12 月 12 日第 10 版。
③ 《中西日报》，1925 年 10 月 12 日第 3 版。
④ 陈其尤：《伟大变化的十年间》，陈民：《中国致公党》，文史资料出版社，1981 年，第 19 页；王起鹍：《海外洪门与中国致公党》，第 66、74 页；陈昌福：《从会党向政党转型——中国致公党的建立》，第 25 页；"亦合、亦分"；"亦堂亦党"——解读司徒美堂与中国致公党的关系》，第 27 页；潮龙起：《移民、秩序与权势：美国华侨堂会史研究》，第 244 页；《大汉公报》1925 年 8 月 19 日第 3 版报道过陈应权到过纽约致公堂，主席邓佑章、盟长彭崇曾开会欢迎，司徒美堂与阮本万曾发言，赞同组党，但是没有派人参会。
⑤ 《五洲致公总堂图录》，第 185 页。
⑥ 潮龙起：《移民、秩序与权势：美国华侨堂会史研究》，第 248 – 249 页。

洲致公堂驻沪代表敬告洪门全体叔父昆仲书》，言金门组党没有遵循 1923 年洪门大会的《洪门组党章程》，并通知海内堂口，历数"洪门之罪人"陈炯明"不忠不义"事；①金山堂随即登报反驳，指责赵昱等背叛洪门。② 按香港《华字日报》综述"美洲金山堂则拥护陈炯明，而上海建祠代表则排视。……故拥陈未发生以前，两派即有分道扬镳之势。……上海派以其未得本派同意，……直以文字公开攻击，金山派亦不饶让，又以文字相辩论。此向来最团结之致公堂，忽有此分歧之所由来也"③。

有学者认为"中国致公党是在致公堂基础上改组的，并不是白手起家重新创立的完全具有现代意义的政党"④。值得辨析的是，1925 年的中国致公党虽在金山总堂处举行开幕典礼，但是一经成立，活动中心在香港陈炯明处。金门为驻美金山中国致公党总部，但各埠大部分仍未更名。北美中文报章上，有关党务活动的报道似未见，依然随处是堂务报道。目前学界认为是中国致公党"海外宣达政令的喉舌"的《公论晨报》⑤，1928 年创刊时"堂""党"用字兼有，1929 年是作为致公堂的反动刊物被国民政府所禁。1930 年，中国致公党驻港支部执行委员会曾言"民国十四年，金门致公堂召集恳亲会，议决改组政党，……不图中间竟有一二不自量力、怀狭私图从中为梗，以致各埠公堂各怀观望，至今未能一致"⑥。后为中国致公党领导人的陈其尤也曾记："若言致公堂阴谋一层，查致公堂与致公党有别。陈炯明为总理时，物质供给仅致公党者有之，堂号尚一毛不拔。"⑦

另外，致公党党章中"洪门""五祖"等只字从未见提。"洪门"与五祖皆

---

①　《五洲致公总堂图录》，第 183 页。

②　潮龙起：《移民、秩序与权势：美国华侨堂会史研究》，第 248 页；黄三德：《洪门革命史》，第 53－55 页。

③　《华字日报》，1926 年 1 月 5 日第 2 张第 2 页；陈定炎：《陈竞存（炯明）先生年谱》，第 919 页。

④　潮龙起：《移民、秩序与权势：美国华侨堂会史研究》，第 244 页。

⑤　王起鹍：《海外洪门与中国致公党》，第 114 页。

⑥　《中国国民党中央执行委员会秘书处函国民政府文官处为奉交中央宣传部转请制止致公堂在香港活动一案函请查照转陈》，台湾"国史馆"，全宗号：001，卷名：中国国民党处理各界建议事项案（一），数字典藏号：001－014006－00001－014，1930 年 9 月 17 日。

⑦　《陈其尤电蒋中正所谓致公堂阴谋可能系致公党分子罗觉庵暗设机关自称华侨义勇军为政府破获审讯中等文电日报表》，台湾"国史馆"，全宗号：002，卷名：一般数据—呈表汇集（八），数字典藏号：002－080200－00435－130，1934 年 5 月 16 日。

为洪门致公堂组党之传统丕基，[①] 这种历史传承为具有现代政党性质的中国致公党所无。20 世纪 40 年代最终组成的中国洪门致公党和中国洪门民治党，"洪门"二字不可分割。故"洪门"二字在"驻美金山中国致公党"中缺失，说明二者一开始即使有所合作，但是存在根本差异，无法归为一家。而且 1925 年后，美洲洪门反复倡议"统一洪门，组成政党"[②]，也为 1925 年美洲洪门组党之事未能完成做了一注脚。

五、20 世纪 20 年代后期美洲洪门致公堂政治主张的确定

1926 年国民党二大开始清党，其反共立场并没有改变一党专制的体制。国内又一波民主党派——江亢虎的中国社会党、张君劢的中国民主社会党的成立，"阻止十月革命对中国的影响"、反对一党专制，[③] 共有"爱国、民主、反共"的精髓。

在北美侨社，1926 年国民党二大通过《惩戒海外反革命份子办法案》，[④]随着北伐胜利，国民政府定于南京，美洲国民党在侨社"大有气吞全侨之势"[⑤]，遭到侨社中宪政党、洪门致公堂的联合对抗。[⑥] 1928 年，美洲洪门又有两份机关报《公论晨报》和《洪钟时报》创刊，以加强舆论对垒。[⑦] 同时，国民党侨务机关接管了各埠中华会馆，侨校悬挂孙中山遗像、改张青天白日旗等，"改正朔"遭到了侨社抵制。宪政党与洪门纷纷自办侨校[⑧]，1927 年开始，全美宁阳会馆为应对《少年报》的攻击，对其抵制达 8 年之久。[⑨]另外，此间大批归国的美洲洪门

① 《五祖祠其经始矣》，《大汉公报》，1924 年 9 月 30 日第 1 版。

② 《征集五洲洪门恳亲大会意见书》，《大汉公报》，1926 年 10 月 20 日 第 7 版，11 月 1 日第 2 版；1927 年 4 月 12 日第 2 版，7 月 29 日、8 月 6 日，第 1 版；简建平：《中国洪门在加拿大》，第 70 页。

③ 陈正茂：《曾琦与民国政治》，《中国青年党研究论集》，第 192 – 196、207 页；邱钱牧：《中国政党史（1894—1949）》，第 470 – 472、534 页。

④ 杨建成：《中国国民党与华侨文献初编 一九〇八——一九四五年》，第 5 页。

⑤ 伍宪子：《中国民主宪政党史》，第 411 页。

⑥ 《中国宪政党对时局之严重宣言》，《大汉公报》，1929 年 9 月 6—12 日，第 1 版。

⑦ 《大汉公报》，1928 年 12 月 4 日第 1 版。

⑧ 参见 Edgar Wickberg, "Some Problems in Chinese Organizational Development in Canada, 1923 – 1937", *Canadian ethnic studies*, 1979, 11 (1), p. 96. Wickberg 没有联系国内党争的背景，但是对于 20 世纪 20 年代的加拿大侨社中团体纷立现象的研究可供参考。

⑨ 《中西日报》，1927 年 10 月 20 日，12 月 22 日，第 2 版；1935 年 8 月 20 日第 2 版，8 月 25 日第 4 版。

人士遭受当地的清算、迫害监视。①

故 1928 年，全加洪门第五届恳亲大会首次提出"主张实行民治、反对一党专制"的政纲。② 1929 年，美国洪门在旧金山联席会议再议组党③，1930 年的纽约南北美洲洪门大会明确提出上述大会政纲，标志着 20 年代后期，美洲洪门的政治立场不再是"拥护真正共和，联络侨情，结合团体，振兴事业、教育为宗旨"（1918 年洪门大会议决）④，而是明确了"取消一党专制，实现民主政治"⑤的政治主张。该主张与 20 年代其他各民主党派的主张相呼应，并为 40 年代美洲洪门致公堂组党时的政纲所继承。

六、总结

19 世纪中期美加两国出台的排华法案和人头税法案，使得北美华侨在国家与身份认同上始终归属于祖国一方，成为 20 世纪之交北美华侨支持康有为或孙中山的政治主张，并从此开始参与祖国的政治事务的基础。而主张立宪与革命的两大政治团体在北美侨社的创建，开启了民国后，尤其是在中华革命党时期侨社内部的党争。民国后，美洲洪门致公堂选择拥护立宪共和的政治立场，最终与孙中山及其国民党分裂；20 年代始，在反对以俄为师、一党专制的民主党派组党潮流中，美洲洪门也决定组党，体现了其力图脱离会党的局限，践行"忠义救国的贡献"的政治担当，实现"国家真正为民治民有民享，家乡无后顾之忧，海外有家室之乐"⑥的爱国理想。

---

① 从台湾"国史馆"1926—1930 年档案中，大量可见国府以反革命罪，针对海外洪门人士、新闻界、宪政党以及共产党的通缉令。《为黄珠世昆仲被国民党构陷五洲洪门昆仲书》，《大汉公报》1928 年 12 月 12、13 日，第 1 版；1929 年 1 月 4 日第 1 版。《中国国民党中央执行委员会秘书处函国民政府文官处为奉交中央宣传部转请制止致公堂在香港活动一案函请查照转陈》《国民政府文官处函行政院中国国民党中央执行委员会秘书处为请制止致公堂在香港活动案缉究案奉交行政院办理分函查照》《行政院函国民政府文官处为奉交驻墨总支部呈送反动机关致公堂驻香港支部刊发劝捐缘簿及宣言等件奉中央批交政府转饬缉究一案已转令广东省政府饬属严缉函达查照》，台湾"国史馆"，全宗号：001、卷名：中国国民党处理各界建议事项案（一），数字典藏：001 -014006 -00001 -014、015、016，1931 年 4 月 17、21 日，5 月 2 日。

② 简建平：《中国洪门在加拿大》，第 71 页。

③ 《大汉公报》，1929 年 4 月 9 日、10 日，第 1 版。

④ 《五洲致公总堂图录》，第 75、77、123、127 页。《大汉公报》，1916 年 7 月 4 日第 1 版；1917 年 4 月 13 日第 3 版，1921 年 6 月 8 日第 2 版。黄三德：《洪门革命史》，第 37 - 55 页。李东海：《加拿大华侨史》，第 243 - 246 页。简建平：《中国洪门在加拿大》，第 47 页。

⑤ 简建平：《中国洪门在加拿大》，第 73 页。

⑥ 《大汉公报》，1950 年 1 月 5 日第 7 版；1946 年 9 月 6 日第 2 版。

On Certain Historical Issues of the Conversion from Tong to A Political Party: Chinese Freemasons in the Americas in the First Two Decades of the 20th Century

Shi Xiaoning

Abstract: The Chinese Freemasons in the Americas (Chee Kung Tong, CKT, 美洲洪门致公堂) planned and initialized an overseas Chinese political party during the first two decades of the 20th century. The conversion of Tong (堂) to a political party (党) reflects an intent of political engagement that the Chinese Freemasons in the Americas strived for. This paper will explore the origins and practices of its process during the first two decades. This paper will also probe how the Chinese political exiles introduced the oppositional idea of the Qing regime to enlighten both the Chinese diaspora community and the Chinese Freemasons in the Americas. The research includes significant partisan struggles such as the one between the Chinese Freemasons (CKT) and the Chinese National League (CNL, 国民党) in the 1910s. Also included the events of the Chinese Zhigong Party (中国致公党) initialized in 1925. The history presented is important as a tribute not only for the overseas Chinese Freemasons, but it is also for the contemporary Chinese political party and the Chinese diaspora in the Americas.

Key Words: the Americas, The Chinese Freemasons (Chee Kung Tong), The conversion of Tong to a political party, Five Ancestral Shrine, Chinese National League (CNL), partisan struggle

日本遗孤子女的社会融入与华人身份认同

张龙龙*

【摘　要】本文旨在运用生命历程理论视角阐明日本遗孤子女的社会融入过程与华人身份认同现状。论文按照移民年龄将遗孤子女分为以下四组：①"学龄期移民组"，20 世纪 80 年代前期移民。该组成员逐渐实现职业的向上流动，并将自己定义为"思维与行为方式被日本化的遗孤子女"。②"青年期移民组"，80 年代后期在多重因素影响下仓促移民。移民后忙于构建生活基础和提高生活质量，并不拘泥于身份与文化认同问题。③"成年期移民组"，90 年代自费移民，长期面临就业难与频繁失业问题。该组成员拥有强烈的华人认同感。④"壮年期移民组"，90 年代末以后移民，生活于日本社会底层。该组虽有华人意识，但并不强烈。

【关键词】日本遗孤子女；移民；生命历程；社会融入；身份认同

* 作者简介：张龙龙，北京工业大学文法学部讲师（Email：longlong0904@ bjut. edu. cn）。研究方向：家庭社会学、生命历程研究、都市社会史、日本新华侨研究。本文以笔者参会文稿《日本遗孤子女的移民与社会适应：基于生命历程视角的分析》［世界海外华人研究学会（ISSCO）第十届国际会议，2019 年 11 月，中国，暨南大学］为基础修改而成。

一、研究背景

1931 年九一八事变后，日本政府开始向中国东北输送农业移民（又称"满蒙开拓团"），以图加强对苏联的防御与对中国东北地区的控制。1936 年，日本制订"满洲农业移民 20 年百万户送出计划"，截至 1945 年 8 月，约有 27 万日本人移民中国东北地区。1945 年日本战败，混乱中约 3 000 名未满 13 周岁的日本儿童被父母遗弃或送人，留在了中国。他们大多数为开拓团子女。"二战"后中国的日侨遣返工作持续至 1958 年，然而由于各种原因，这些日本儿童未能成为遣返对象。1959 年日本政府颁布《未归还者特别措置法》，实施"战时死亡制度"，宣布这些孩子在战争中死亡，并抹消了他们原有的户籍。1981 年之前，该群体被日本政府拒之门外而被迫在中国生活了 30 余年。他们虽然被中国家庭领养且成人后与中国人建立新的家庭，但是他们完全拥有日本血统，被称为"日本遗孤"（以下简称"遗孤"）。截至 2018 年 11 月，已有 2 818 人被日本政府认定为遗孤，其中 2 557 人已回日本定居。

（一）日本遗孤的回国政策与回国状况

1972 年，中日实现邦交正常化，这原本为遗孤回国带来转机。然而，日本政府将遗孤回国视为个人层面的问题，并未采取相关援助措施。① 自 1981 年起，日本政府组织遗孤"访日调查"，正式实施遗孤回国政策。然而 2 557 名遗孤的回国之路并非一帆风顺，而是持续了 30 余年。这与日本政府出台的一系列政策有关。1981—1997 年的短短 16 年间，回国政策变更了九次（参考表 1 画线处）。每次政策变更，回国条件也随之改变。

1981 年日本政府虽然实施回国政策，但是该政策仅适用于身份判明（即已找到日本亲属）且回国已征得日本亲属同意的遗孤，截至 1985 年，仅有 243 名遗孤回国。由于调查进程缓慢，1985 年以前大多数遗孤未能找到亲属，或者回国未得到日本亲属的同意。他们表示同为遗孤却因身份判明及亲属同意与否而被区别对待实属滑稽，向日本政府提出抗议。1985 年 3 月，日本政府实施身份保证

---

① 大久保真纪：「中国帰国者と国家賠償請求集団訴訟」，兰信三编：『中国残留日本人という経験——「満洲」と日本を問い続けて』，勉誠出版，2009 年，第 303 页。

人制度①，随后身份未判明的遗孤也可以回国定居。如图 1 所示，1985 年以后遗孤回国人数急剧上升，1986—1993 年，约有 1 500 名遗孤回国。

表 1　遗孤回国政策年表（1946—1997 年）②

日期（年）		遗孤相关政策、制度
1980 年以前	1946	中国政府开始遣返日侨，但遗孤未能回国
	1959	日本政府颁布《未归还者特别措置法》，取消遗孤原有户籍
	1972	中日两国恢复邦交，但日本政府对遗孤日本亲属的调查请求置之不理
	1973	日本政府规定，遗孤回国定居时仅可携带配偶和未满 20 周岁的子女
	1980	山本慈照等 26 名非政府人员访问中国，调查遗孤情况
1981—1993 年	1981	厚生劳动省实施第一次遗孤"访日调查"，47 名遗孤访日，30 名身份判明
	1985	实施身份保证人制度，未找到亲属的遗孤可以回国
	1987	遗孤回国高峰（272 名）
	1989	实施特别身份保证人制度
	1992	第一次扩大援助对象范围，身体残疾的遗孤回国时可携带一个成年子女家庭
	1993	特别身份保证人制度得到改善（12 月）
1994 年以后	1994	日本政府颁布《自立支援法》，凡是被认定为遗孤的，均可回国定居 第二次扩大援助对象范围，65 岁以上的遗孤回国时可携带一个成年子女家庭
	1995	第三次扩大援助对象范围，60 岁以上的遗孤回国时可携带一个成年子女家庭
	1997	第四次扩大援助对象范围，55 岁以上的遗孤回国时可携带一个成年子女家庭

---

①　遗孤回国后日本政府为其寻找身份保证人，随后遗孤家庭搬迁至身份保证人所在地居住。身份保证人除做身份担保外，还必须履行为遗孤家庭寻找住宅、购置生活用品、办理相关搬迁手续、解答生活困惑、解决基本生活问题等责任和义务。

②　此表参照以下文献制作。中国「残留孤児」国家賠償訴訟弁護団全国連絡会编：『政策形成訴訟——中国「残留孤児」の尊厳を求めた裁判と新支援策実現の軌跡』，中国「残留孤児」国家賠償訴訟弁護団全国連絡会，2009 年，第 344 – 373 頁。藤沼敏子：「年表——中国帰国者問題の歴史と援護政策の展開」，『中国帰国者定着促進センター紀要』第 6 号，1998 年，第 234 – 277 頁。厚生労働省社会・援護局援護企画課中国孤児等対策室编：『中国帰国者とその家族のための帰国者受入れの手引』，厚生労働省社会・援護局援護企画課中国孤児等対策室，2002 年，第 146 – 148 頁。

虽已判明身份但回国未征得日本亲属同意者仍然不能满足回国条件。该现象被称为"逆转现象"（即身份判明反而不能回国）遭到日本社会的强烈批判。① 1989 年，政府实施特别身份保证人制度②，意在寻找身份保证人来替代亲属行使应有职责。然而几乎无人愿意充当亲属角色，该制度从一开始便存在弊端，形同虚设。1993 年 12 月，特别身份保证人制度得到改善，遭受日本亲属反对的遗孤也有资格回国定居。1994 年，日本政府颁布《有关促进中国残留邦人等顺利归国以及永住归国后的自立支援之法律》（日语为"中国残留邦人等の円滑な帰国の促進及び永住帰国後の自立の支援に関する法律"，以下简称《自立支援法》）。此后，凡是被认定为遗孤者均可回国定居。1994—1998 年有 503 名遗孤回国。图 1 描绘了遗孤回国定居人数的年度变化，如图所示，2000 年前后大部分遗孤已经回国。

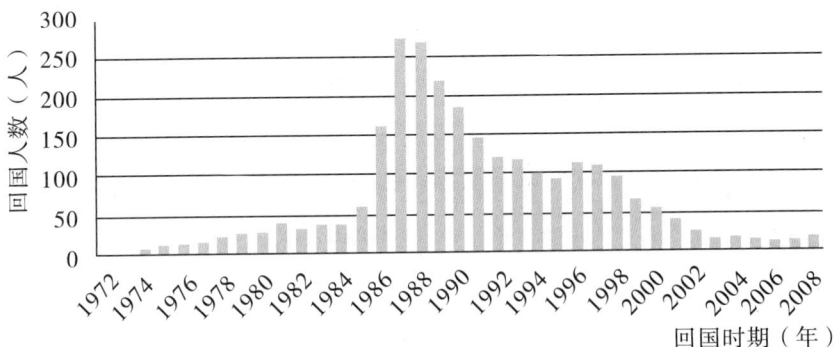

图 1　1972—2008 年遗孤回国状况③

（二）日本政府实施的遗孤子女移民政策与其产生的移民问题

1992 年 12 月 5 日，《朝日新闻》刊登了一篇有关遗孤子女移民的报道，内容如下：

---

①　中国「残留孤児」国家賠償訴訟弁護団全国連絡会編：『政策形成訴訟——中国「残留孤児」の尊厳を求めた裁判と新支援策実現の軌跡』，第 346 页。

②　特别身份保证人须替代遗孤亲属为遗孤家庭办理回日本定居的手续，此为特别身份保证人制度的核心内容。

③　资料来源：张龙龙：「帰国援護政策と中国残留孤児の永住帰国過程——帰国動機に注目して」，『早稲田大学大学院文学研究科紀要』第 62 号，2017 年，第 67 - 82 页。

　　伴随日本遗孤年龄的增长，他们的子女大多已经成年，这将可能造成新的家庭离散之悲剧。……日本遗孤国籍恢复支援会事务局长千野诚治指出，"遗孤身份调查与回国定居之所以延迟，其原因归根于政策的延误而非遗孤本人的责任。遗孤在 50 岁之前被弃之不管，等他们的子女成人后，政府又不给予照顾。这实在过分"。……厚生省（日本遗孤等对策室长田代章一）主张，"对遗孤大家庭及遗孤第二、三代来说，去日本定居并非回国，而是经济移民"，最好"遗孤先回国，建立起经济基础之后再将其子女接过来"。①

　　该报道指出了 20 世纪 80 年代末至 90 年代初遗孤及其子女赴日定居②时所面临的困境。日本政府实施回国政策前遗孤均已成家立业，当满足回国条件时，他们往往以家庭为单位赴日定居。与遗孤相比，其子女的移民选择问题更为复杂。1973 年，日本政府在实施遗孤回国政策前便规定了遗孤子女的移民条件。该规定指出，遗孤回国定居时仅可携带配偶和未满 20 周岁的子女。成年子女③不但无法成为国费援助对象，而且先回国的遗孤如果在日本不能经济自立，成年子女便不能移民日本。到 1994 年为止，该规定未发生较大变动，上述报道指出了其不近人情之处。1994 年 6 月，日本政府规定，65 岁以上的遗孤回国定居时，一个成年子女家庭可申请国费援助。自 1995 年 4 月开始，遗孤年龄变更为 60 岁，1997 年 4 月又放宽为 55 岁。然而，新规定仅限于一个成年子女家庭，遗孤的大多数成年子女仍需自费。换言之，即使是同一遗孤的子女，根据政策与移民条件，他们也会被强制性地分为"与父母同行"和"自费赴日"两种类型。④

---

　　①　「帰国に旅費の壁　支給『20 歳未満』の規定　成人の中国残留孤児 2 世」，『朝日新聞』，1992 年 12 月 5 日。

　　②　本文将遗孤赴日定居定义为"回国"，因为该群体属于完全拥有日本血统的日侨。将遗孤子女赴日定义为"移民"，主要有以下两个原因：其一，遗孤子女拥有中日混合血统，将他们赴日称为"回国"不合适；其二，大部分遗孤子女赴日定居后仍然保留中国国籍。

　　③　在日本满 20 周岁为成年。本文中的成年子女均指 20 岁以上（包括 20 岁）的子女。

　　④　张龙龙：「日本における中国残留孤児二世の就職過程——来日形態（国費・私費来日）に基づく比較研究」，『ソシオロジカル・ペーパーズ』第 26 号，2017 年，第 79－94 页。

二、文献回顾与研究目的

（一）文献回顾

自 20 世纪 90 年代后期起，日本遗孤问题逐渐成为学术研究课题。① 与之相比，日本社会却忽视了遗孤子女的存在。关于遗孤子女赴日定居后的生活，"虽然有零星的信息，但是他们的整体情况并不清楚，与大量的遗孤研究形成鲜明对比"②。遗孤子女的"零星的信息"主要包括移民动机、就业和身份认同三个方面。首先在移民动机上，许多遗孤子女向往富裕的物质生活，并认为在日本社会财富唾手可得，所以他们毅然决定移民日本。③ 对他们而言，赴日定居俨然已经失去"回国"之意，而是国际移民。④ 当然，他们移民日本不仅仅是为了追求物质财富，还存在"因为父母返回日本""为了提升自身能力""对日本有感情""想扩大视野"等理由。⑤ 以上研究描绘出遗孤子女在移民选择上存在主观能动的一面。然而，下野指出，"既然父母决定回国定居，遗孤子女便不得不选择移民。……在日本连朋友都没有，他们被迫在孤独的状态下开始新的生活"⑥。

就业方面，多数遗孤子女拥有多次跳槽经历，尤其对 90 年代自费赴日者来说，只要没考取日本劳动市场的相关技能资格证书，他们在中国培养起来的职业技能就不会被认可，从而很难获得合适的工作。⑦ 移民年龄以及旅日时间不同，

---

① 江畑敬介・曽文星・箕口雅博编：『移住と適応——中国帰国者の適応过程と援助体制に関する研究』，日本评论社，1996 年。兰信三编：『「中国帰国者」の生活世界』，行路社，2000 年。吴万虹：『中国残留日本人の研究——移住・漂流・定着の国際関系论』，日本图书センター，2004 年。兰信三编：『中国残留日本人という経験——「満洲」と日本を問い続けて』。张岚：『「中国残留孤児」の社会学——日本と中国を生きる三世代のライフストーリー』，青弓社，2011 年。浅野慎一・佟岩：『中国残留日本人孤児の研究——ポスト・コロニアルの东アジアを生きる』，御茶の水书房，2016 年。南诚：『中国帰国者をめぐる包摂と排除の歴史社会学——境界文化の生成とそのポリティクス』，明石书店，2016 年。

② 驹井洋：『移民社会学研究——実态分析と政策提言 1987—2016』，明石书店，2016 年，第 508 页。

③ 横山政子：「『帰国』をめぐる事情」，兰信三编：『「中国帰国者」の生活世界』，第 77 – 83 页。

④ 大坊郁夫・中川泰彬：「中国残留孤児家族の社会適応过程の心理学的検讨」，『心理学评论』第 36 号，1993 年，第 398 – 424 页。

⑤ 驹井洋编：『中国帰国者二世・三世——中国と日本のはざまで』，筑波大学社会学研究室，1996 年。孔风兰：「残留日本人二世等の中国における生活史・志」，『神戸大学大学院人间発达环境学研究科研究纪要』第 6 号，2013 年，第 25 – 39 页。

⑥ 下野寿子：「中国帰国者と定着问题——问われる戦后処理と异文化対応」，中迳启示编：『地域社会と国際化——そのイメージと现実』，中国新闻社，1998 年，第 84 页。

⑦ 宫田幸枝：「中国帰国者二世・三世の就労と职业教育」，兰信三编：『「中国帰国者」の生活世界』，第 176 页。

遗孤子女的生活经历也会不一样。然而，日本社会倾向于将遗孤子女看作一个整体而不加以区分。① 孔风兰将遗孤子女分为"国费移民"与"自费移民"两种，并指出两类人群在求职、工作经历、劳动环境上均存在较大差别，自费者明显处于劣势。②

大久保、大桥和张岚分别对遗孤子女的身份认同做出了论述。大久保指出遗孤子女"尽量向纯粹日本人或纯粹中国人靠拢，同时又坚持不被两者完全同化"③。大桥作为遗孤子女指出，"自身是一种既非中国人又非日本人的模糊存在"④。张岚认为，遗孤子女在身份认同上已经超越了"是中国人还是日本人"这种二选一的局限，他们不再纠结于国籍，而是正在构建更加丰富的、多面性的身份认同。⑤

（二）理论框架与研究目的

本文的理论框架为生命历程理论，尤其是该理论的时机问题。生命历程理论起源于 20 世纪 20 年代至 30 年代芝加哥学派的移民生活史研究，主要考察社会变迁与个人发展的相互作用问题。生命历程有四要素，分别为"时空位置"（历史文化及社会制度等）、"相互关联的人生"（社会关系）、"个人能动性"、"时机"。而生命历程研究的本质是时机问题，也就是对社会时间、个人时间与家庭时间相互作用的理解问题。⑥ 社会时间指社会、经济、制度和文化的变动，例如人口变化、经济波动、法律变更等均属于该范畴。个人时间指个人的生命事件时间，而家庭时间则指家庭成员在家庭内部的位置变化及角色转变过程。首先，个人时间与家庭时间同时密切进行。具体说，"个人的生命历程与其他家庭成员的

① 小林悦夫：「中国帰国者二世三世の日本語学習と生保受給・就労の状況——2つの調査結果から」，『中国帰国者定着促進センター紀要』第 11 号，2007 年，第 32 页。

② 孔风兰：「残留日本人二世等の日本における生活史・志」，『神戸大学大学院人間発達環境学研究科研究紀要』第 8 号，2014 年，第 33 – 51 页。

③ 大久保明男：「アイデンティティ・クライシスを越えて——『中国日裔青年』というアイデンティティをもとめて」，兰信三编：『「中国帰国者」の生活世界』，第 343 页。

④ 大橋春美：「日本と中国の狭間で——中国帰国者二世というアイデンティティ」，兰信三编：『中国残留日本人という経験——「満洲」と日本を問い続けて』。

⑤ 张岚：『「中国残留孤児」の社会学——日本と中国を生きる三世代のライフストーリー』。

⑥ T. K. Hareven, *Family Time and Industrial Time: The Relationship between the Family and Work in A New England Industrial Community*, Cambridge University Press, 1982, p. 6.

生命历程，以及作为集体的家庭的时间密切相关"①。尤其是当遇到经济恐慌、战争等重大历史事件时，个人行为与家庭需要紧密相连，体现于家庭策略之中。其次，个人时间与家庭时间会受到社会时间的影响。同时，个人时间与社会时间又通过家庭时间链接起来。

本文的研究目的是，按照移民年龄将遗孤子女分为四个移民小组，分别阐明各小组在日本社会的融入过程与华人身份认同现状。具体从生命历程理论视角解答以下问题：

（1）遗孤子女在融入日本主流社会过程中遇到过怎样的困难，又是如何处理的？

（2）不同移民年龄与生活阶段所导致的移民后华人身份认同是否一致？

三、分析小组的设定与调查数据

（一）遗孤子女分析小组的设定

本文根据移民年龄将遗孤子女分为"学龄期移民组""青年期移民组""成年期移民组""壮年期移民组"。图2展示了遗孤子女的移民时机与中日社会状况。该图左轴表示遗孤子女的出生日期，右轴表示接受访谈调查日期。上轴表示中国社会状况，下轴表示相关政策和日本社会状况。为记述方便，后文将四个移民组分别略记为"孩子""青年""成年""壮年"。由于日本政府未统计遗孤子女的数量，各组的具体人数尚不明确。

（1）"学龄期移民组"（"孩子"）。该组成员主要于20世纪80年代前期跟随父母国费赴日定居。移民时未满16岁，大多处于接受中小学教育阶段。

（2）"青年期移民组"（"青年"）。该组成员80年代后期陪同父母国费赴日定居，移民时17岁至20岁，正处于高中、大学学习阶段，或者刚入职不久。②

（3）"成年期移民组"（"成年"）。日本政府针对遗孤子女的移民提出了严格条件。80年代末许多遗孤子女已经成人。按照规定，他们无法与父母一起以

---

① 嶋﨑尚子：「家族の発達と个人のライフコース」，原ひろ子编：『家族论』，放送大学教育振兴会，2001年，第101–114页。

② 存在部分"青年"于90年代移民日本的情况。但是根据遗孤的年龄结构（1945年前出生，1965年前后结婚生子）推测，90年代移民的"青年"很少。参与笔者问卷调查的89人中，90年代尚未成年的调查对象仅2名。

国费的形式赴日，而是须等父母在日本就业后才能以遗孤家人的身份选择自费移民。该组于 80 年代末至 90 年代后期自费赴日，移民时 20 岁至 30 岁。

（4）"壮年期移民组"（"壮年"）。自 90 年代末起国费或自费移民，移民时已满 30 岁。

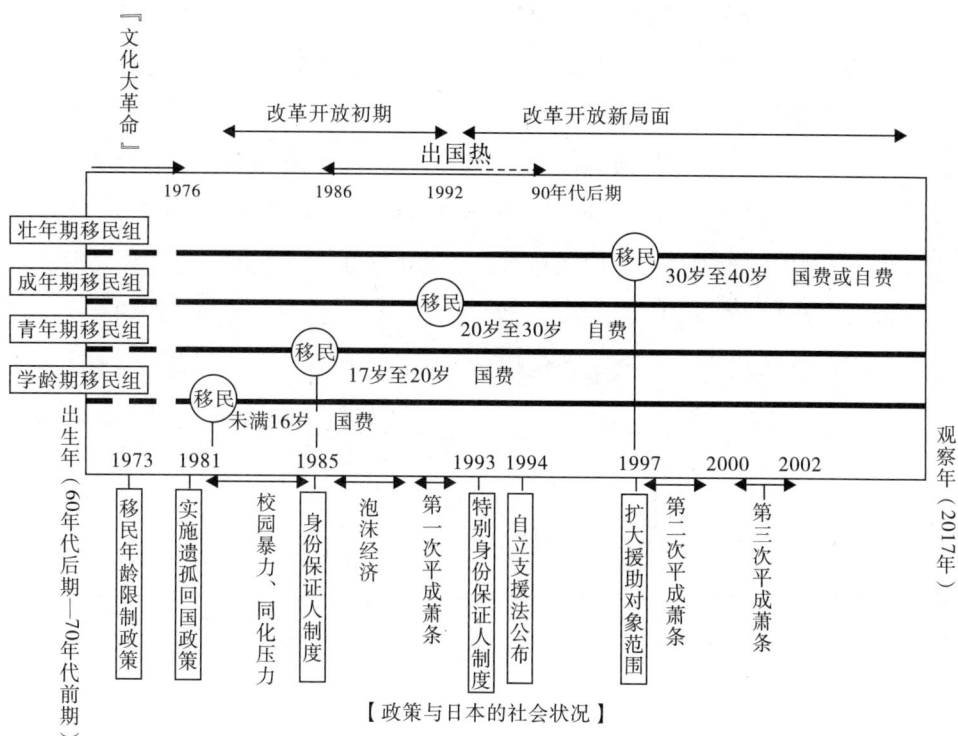

『文化大革命』 改革开放初期 改革开放新局面 出国热

1976 1986 1992 90年代后期

壮年期移民组
成年期移民组 — 移民 30岁至40岁 国费或自费
青年期移民组 — 移民 20岁至30岁 自费
学龄期移民组 — 移民 17岁至20岁 国费
移民 未满16岁 国费

出生年（60年代后期—70年代前期）
1973 1981 1985 1993 1994 1997 2000 2002
观察年（2017年）

移民年龄限制政策 | 实施遗孤回国政策 | 校园暴力、同化压力 | 身份保证人制度 | 泡沫经济 | 第一次平成萧条 | 特别身份保证人制度 | 自立支援法公布 | 扩大援助对象范围 | 第二次平成萧条 | 第三次平成萧条

【政策与日本的社会状况】

图 2　遗孤子女的移民时机与中日社会状况①

（二）使用的调查数据：对 30 名遗孤子女的访谈

2002 年 12 月至 2007 年 11 月，2 211 名遗孤因生活窘迫而状告日本政府，要求给予国家战争赔偿。日本 15 个地方法院受理该诉讼案件，其中关东地区（东

---

① 根据实际调查情况绘制此图。

京地方法院）的原告人数多达总人数的一半，占日本全国之首。① 笔者将关东地区的遗孤及其子女作为研究对象，主要有三个理由：其一，居住人数众多，研究具有代表性；其二，日本关东地区又称首都圈，拥有多个大型遗孤组织及民间支援团体，有利于系统性调查与数据回收；其三，诉讼期间关东地区原告团收集了大量资料与生活记录，这些资料现存于关东地区的民间支援团体内部。笔者通过借阅并分析这些纵贯性数据，试图更加客观地还原遗孤及其子女的生活轨迹。

笔者曾向"中国归国者支援交流中心"主页②上记载的四个关东地区支援团体发出协助调查的请求。征得同意后，于 2015 年 4 月至 12 月对四个团体的 77 名遗孤实施访谈调查。2015 年 12 月与 2016 年 3 月，笔者对 199 名遗孤子女（上述 77 名遗孤访谈对象的子女）实施问卷调查，回收 89 份（有效回收率 44.72%）。主要调查项目为家庭成员移民前的生活状态、移民选择和移民后的生活经历。2017 年 6 月至 10 月，笔者对其中的 30 名遗孤子女实施访谈调查。调查内容除家庭成员的生活经历外，还包括移民后的"归属意识""民族文化认同""社会关系""偏见与歧视"等项目。表 2 显示了遗孤子女访谈对象的基本资料，该资料也是本文使用的调查数据。

表 2　遗孤子女访谈对象的基本资料（$N = 30$；统计时间：2017 年 12 月）

组别	序号	性别	出生日期（年龄）	子女关系（出生顺序/兄弟姐妹数）	移民前的生活状态	移民日期（年龄）
"孩子"	C1	女	1964（53）	三女（第 5 子/5）	中学 2 年级	1978（14）
	C2	女	1969（48）	次女（第 2 子/3）	小学 4 年级	1979（10）
	C3	女	1966（51）	长女（第 1 子/3）	中学 2 年级	1980（14）
	C4	男	1972（45）	长子（第 2 子/3）	小学 2 年级	1980（8）

① 各地方法院的原告人数分别为东京 1 092 名、札幌 85 名、仙台 85 名、山形 34 名、长野 79 名、名古屋 210 名、京都 109 名、大阪 144 名、神户 64 名、冈山 27 名、广岛 61 名、德岛 4 名、高知 56 名、福冈 137 名、鹿儿岛 24 名。参见中国「残留孤儿」国家赔偿诉讼弁护团全国连络会编：『政策形成诉讼——中国「残留孤儿」の尊厳を求めた裁判と新支援策実现の軌跡』，第 47 – 48 页。

② 中国帰国者支援·交流センター，https://www.sien – center.or.jp/fund/index.html，2019 年 10 月 20 日。

（续上表）

组别	序号	性别	出生日期 （年龄）	子女关系 （出生顺序/ 兄弟姐妹数）	移民前的 生活状态	移民日期 （年龄）
"孩子"	C5	女	1976（41）	四女（第5子/5）	学前	1981（5）
	C6	男	1964（53）	长子（第1子/4）	高中刚毕业	1982（17）
	C7	女	1969（48）	长女（第4子/4）	小学5年级	1983（14）
	C8	女	1969（48）	次女（第3子/7）	中学3年级	1986（16）
	C9	男	1972（45）	长子（第2子/2）	中学1年级	1986（14）
"青年"	Y1	女	1968（49）	四女（第4子/6）	高中刚毕业	1987（18）
	Y2	女	1964（53）	长女（第2子/4）	技校2年级	1987（23）
	Y3	男	1968（49）	长子（第1子/2）	高中刚毕业	1988（19）
	Y4	男	1969（48）	长子（第1子/2）	高中刚毕业	1988（19）
	Y5	女	1970（47）	次女（第2子/3）	高中刚毕业	1989（19）
	Y6	男	1970（47）	长子（第1子/2）	大学1年级	1990（20）
	Y7	女	1970（47）	长女（第1子/2）	技校刚毕业	1990（20）
	Y8	男	1970（47）	长子（第1子/2）	技校刚毕业	1990（19）
	Y9	女	1976（41）	三女（第4子/4）	高中1年级	1993（17）
	Y10	女	1980（37）	次女（第2子/2）	高中2年级	1998（18）
"成年"	A1	女	1956（61）	长女（第1子/3）	企业职员（已婚）	1989（33）/1979
	A2	女	1961（56）	长女（第1子/2）	工厂会计（已婚）	1990（29）/1988
	A3	男	1964（53）	长子（第1子/3）	工厂工人（已婚）	1991（27）/1990
	A4	男	1964（53）	长子（第2子/4）	大学教师（已婚）	1991（27）/1990
	A5	女	1968（49）	次女（第3子/4）	幼儿教师（已婚）	1991（23）/1990
	A6	女	1965（52）	长女（第2子/5）	企业职员（已婚）	1991（26）/1988
	A7	男	1960（57）	次子（第2子/3）	工程师（已婚）	1992（32）/1995
	A8	女	1970（47）	五女（第5子/6）	工厂工人（已婚）	1993（23）/1993
	A9	女	1970（47）	四女（第5子/5）	会计（已婚）	1996（26）/1994
"壮年"	M1	男	1968（49）	次子（第2子/3）	工厂工人（已婚）	1999（31）/1999
	M2	女	1968（49）	长女（第1子/2）	农民（已婚）	2007（39）/2007

注：（1）C3与C4是姐弟，A4与A5是兄妹。

（2）"成年"与"壮年"的"移民日期"后一列数字为遗孤（父亲或母亲）的回国日期。

四、遗孤子女的社会融入与身份认同

（一）"学龄期移民组"（"孩子"）

20 世纪 70 年代末至 80 年代前期，身份判明且回国征得日本亲属同意的遗孤赴日定居。此时，大部分"孩子"正处于学龄期。虽然他们并无移民意愿，甚至有人反对父母回国的决定，但是在是否赴日问题上，遗孤优先考虑家庭的整体利益，尚未成年的"孩子"并无发言权。

移民后"孩子"进入当地中小学校，然而如同 C8 所述，"转入当地学校并非新生活的开端，而是噩梦的开始"①。首先，"文革"期间中国教育几乎处于瘫痪状态，"文革"结束后不久，"孩子"便移民日本，与同年级日本学生相比，学力存在明显不足。其次，80 年代日本社会包容性低下，尤其教育系统特别注重学生的同一性。"孩子"作为日本战后第一拨大规模外国移民，无论是否加入日本籍，均被要求更改姓名，形式上与日本学生保持一致。本文的访谈对象（9名"孩子"）均有被班主任强制改名的经历。此外，80 年代前期日本社会恰好迎来初中生"校园暴力"高峰，在此社会背景下，"孩子"因来自中国而遭受严重的歧视与校园欺凌。80 年代日本社会接纳外国人的体制尚不健全，即使遗孤拥有完全日本血统，日本政府也未对其提供充分的援助，遗孤及其配偶面临严峻的就业难与贫困问题。C5 回忆当时家庭生活"异常贫穷""每天吃不饱"②，C7、C8、C9 因买不起校服而借用日本学生淘汰的旧衣，而此时的日本主流社会早已实现全民小康。"孩子"虽然存在语言理解障碍与学力不足问题，但是被要求与日本学生完全相同的条件参加中考。例如，1984 年东京某一中学有 15 名"孩子"参加中考，考入普通高中者仅 4 名。③ 与之相比，当时 95% 的日本初中毕业生升入高中。④ 如访谈对象所述，"孩子"在高中毕业或走向社会前"只能默默忍受一切"⑤。80 年代后期日本出现"泡沫经济"现象，劳动力紧缺，大部分

---

① 引自 2017 年 7 月对 C8 实施的访谈口述记录。
② 引自 2017 年 6 月对 C5 实施的访谈口述记录。
③ 坂本竜彦：「帰国孤児を苦しめる貧しい受け入れ態勢　手薄な日本語学級」，『朝日新聞』，1985 年 2 月 23 日。
④ 冈本智周：「カリキュラム政策の変遷における高度経済成長期の位置」，『学術の動向』第 23 巻 9 号，2018 年，第 29 页。
⑤ 引自 2017 年 6 月至 12 月对所有"孩子"访谈对象实施的访谈口述记录。

"孩子"无论是否持有高中或大学学历，均能顺利进入劳动市场。

90年代初期"孩子"已经成人，开始组建家庭。结婚前"孩子"并不看重交往对象的国籍，然而他们为了避免结婚对象与自己父母存在交流障碍问题，一般选择与旅日华人结婚。少数"孩子"（例如C8）虽然与日本人通婚，结婚前往往遭到双方家庭的反对。进入21世纪，"孩子"生活稳定，大部分人实现职业向上流动。

"孩子"在日本生活近40年，多数人为生活方便已加入日本国籍。访谈对象（"孩子"）均时常回忆起移民前的生活、城市、村落等，然而如同他们所述，该群体只不过是怀念记忆中的生活场景，并未将中国作为故乡。"孩子"的父母一方为遗孤，一方为中国人，他们虽然对自身的中日混合血统抱有自豪感，但是并不认同日本人或华人身份，而是强调自己是"在中国出生而思考与行为方式被日本化的日本遗孤子女"①。"孩子"表示他们已经过上与普通日本人一样的生活，没有必要特意与其他遗孤子女或华人接触交流，这一点有别于其他遗孤子女小组。

（二）"青年期移民组"（"青年"）

1985年3月日本政府实施身份保证人制度，80年代后期大量遗孤回国定居。此时"青年"正在接受高中、大学教育，或者刚参加工作，在国费年龄限制政策、中日经济发展差距较大以及国内出国热的背景下，他们匆忙选择了移民。

按照年龄限制政策，许多遗孤的成年子女（例如Y1、Y5、Y9的兄长）被迫留在了中国。尽快在日本与他们团聚成为遗孤家庭面临的首要课题，但是遗孤回国后依靠"生活保护"②维持生计，无法担任成年子女的身份保证人。由于遗孤家庭生活贫困，日本政府及遗孤家庭期待"青年"尽快就业。"青年"本身即将成人或已经成人，由于缺乏必要的援助措施，他们几乎无法转入日本的高中或大学。此时正值"泡沫经济"期，大量用工单位急需劳动力，提供诱人薪水。"青年"在家庭时间、个人时间和社会时间等多种时间的重叠下，过早地进入劳动市场，实现向成人角色的转变。移民后不久，"青年"便离开父母，在经济尚未完全独立的情况下结婚生子。

---

① 引自2017年6月至12月对所有"孩子"访谈对象实施的访谈口述记录。
② 日本政府为家庭经济贫困的国民提供的一种低保制度。

由于交往范围有限，访谈对象（"青年"）均与中国人或"青年"结婚。90年代初许多"青年"返回中国寻找结婚对象，"闪婚"后再将配偶带往日本，Y3即此类型。"由于太太完全不懂日语，所以将她介绍到我打工的工厂干体力活。"① 像 Y3 一样，几乎所有"青年"从单纯体力劳动开始逐渐积累工作经验。他们虽然一直持有"必须比日本人加倍努力"的意识，但是由于日语理解能力低下、无高学历和特殊技能，在长达 15—20 年的时间里都无法在职业上实现向上流动。

访谈对象（"青年"）评价当前的生活称"从当初一无所有到如今构建起生活基础，在生活方面已经适应日本社会"②，然而他们均强调在身份与文化认同、社会关系等方面至今尚未融入日本社会。首先在身份认同上，"青年"明显感受到"日本主流社会将遗孤及其子女视为中国人"③，而他们也将自身定义为"取得日本国籍的华人"④。他们如同 Y4 所述，"即使用尽一生，也无法完全承认自己是日本人"⑤。当然，"青年"并未拘泥于身份认同，在移民后的几十年里，他们抱有"比起追问自己是什么人，努力提高生活水平才最重要"⑥ 的态度。其次在文化认同上，在家庭内部"青年"与父母、配偶的日常用语仍然为汉语，家庭用餐也基本是中餐。在家庭外部"青年"与日本人交流并无太大语言障碍，但是"对日本社会的理解程度远不如日本人深刻"⑦，"不能熟练使用日语、对日本历史文化理解不足等问题经常阻碍与日本人的交往"⑧。因为"从小没有系统地学习过日本社会文化"⑨，加之"在中国生活近 20 年，中国式思维方式不会轻易改变"⑩，"青年"的日本朋友极少，在与日本人交往上，"青年"除文化认同外，还"不习惯日本人的真心话与场面话的区分使用，单论这一点，就未融入日本社会"⑪。虽然访谈对象表示尚未融入日本社会，但是他们并不拘泥于身份与

① 引自 2017 年 8 月对 Y3 实施的访谈口述记录。
② 引自 2017 年 6 月至 12 月对所有"青年"访谈对象实施的访谈口述记录。
③ 引自 2017 年 8 月对 Y2、Y9 实施的访谈口述记录。
④ 引自 2017 年 8 月至 12 月对 Y1、Y2、Y3、Y4、Y6、Y9、Y10 实施的访谈口述记录。
⑤ 引自 2017 年 8 月对 Y4 实施的访谈口述记录。
⑥ 引自 2017 年 8 月对 Y4 实施的访谈口述记录。
⑦ 引自 2017 年 8 月对 Y2、Y3、Y9 实施的访谈口述记录。
⑧ 引自 2017 年 8 月对 Y4 实施的访谈口述记录。
⑨ 引自 2017 年 8 月对 Y2、Y4 实施的访谈口述记录。
⑩ 引自 2017 年 8 月对 Y1、Y2、Y3、Y4、Y9 实施的访谈口述记录。
⑪ 引自 2017 年 8 月对 Y2、Y4、Y5、Y6、Y9 实施的访谈口述记录。

文化认同问题，而是始终将提高家庭生活质量当作首要目标。

（三）"成年期移民组"（"成年"）

80 年代末至 90 年代初，大量遗孤子女已经成人。按照年龄限制政策，他们无法随同父母赴日定居。对于遗孤来说，这意味着新的家庭分离，因此遗孤回国时便盼望早日在日本与成年子女团聚。如表 2 所示，实际上大部分"成年"一般在父母回国三年之内便自费赴日，移民时往往携妻（夫）带子。移民后，他们面临严峻的就业难问题，遭遇"就业—失业—就业"的恶性循环。截至 21 世纪初，大部分"成年"很难在日本建立起生活基础，这一点可以从三个层面解释。宏观层面上，90 年代初期日本经济陷入"第一次平成萧条"①，90 年代后期与 21 世纪初期相继出现"第二次平成萧条""第三次平成萧条"。劳动市场萎缩使"成年"的就业雪上加霜。此外，"成年"与"青年"不同，他们属于自费移民，移民后无法享受任何国家援助。从中观层面看，在家庭内部遗孤尚未打下生活基础，甚至不能为"成年"子女提供最基本的生活援助，在家庭外部"成年"无法利用移民当地的资源。在微观（个人）层面上，首先，"成年"及其配偶在完全不懂日语的情况下移民；其次，虽然"成年"拥有中国的工作经验和相关技能，但是中日两国社会制度不同，移民后他们难以利用之前积累的人力资本，导致职业生涯和生活出现断层。

21 世纪初虽然家庭经济状况略有改善，但是"成年"及其配偶仍被日本主流社会孤立。许多"成年"或配偶为了从长期的压力中寻求解脱而染指赌博、猥亵、盗窃、家庭暴力、夫妻不忠等。例如 A6 的丈夫在其移民后第九年开始频繁进出 Pachinko（日本的一种类似于弹球的赌博游戏）厅，之后卷入更大规模的赌博活动。A6 因丈夫赌博而负债累累，最终于 2002 年（37 岁）离婚。此外，"成年"人群中出轨现象突出，尤其是当丈夫失业、家庭生活紊乱时女性更容易出轨。"成年"原本在移民前仓促结婚②，移民后在就业难、受歧视等多重压力下，夫妻关系变得异常脆弱。关东地区某一县政府《就劳相谈员业务活动报告》

---

①　1991 年伴随"泡沫经济"破裂，日本经济进入周期性不景气（又称"平成萧条"）时代。其中 90 年代初、90 年代末、21 世纪初出现的经济衰退现象分别被称为"第一次平成萧条""第二次平成萧条""第三次平成萧条"。

②　详情参见张龙龙：「中国残留孤児第二世代の移住と初期定着——1990 年代に呼び寄せられた『成人たち』の事例」，『ソシオロジカル・ペーパーズ』第 28 号，2019 年，第 1－16 页。

中记载了 52 名"成年"的就业及生活经历，其中 12 名在 2000 年前后离婚。由此推测，"成年"离婚率明显高于日本普通离婚率（2000 年为 2.10‰）。2010 年以后"成年"的生活趋于稳定。

　　一部分"成年"考虑到生活的便利性而选择加入日本国籍。在他们看来，国籍只是一个符号，即使国籍改变，也难以掩盖自身的华人意识。访谈对象（"成年"）虽然已经移民日本 20 余年，但是均拥有强烈的华人认同感。例如，A2、A5、A7、A9 曾长期为中国劳务研修生和留学生提供帮助。"成年"对旅日中国人具有强烈的同胞意识，他们视中国为故乡，对中国充满眷恋。与之相比，"成年"只是将日本作为一个"长期居住的国家"，如 A4、A5、A9 所述，虽然他们已经加入日本国籍，但是"除进出境等特殊场合外，并没有意识到自己是日本人"[①]。换言之，与"孩子""青年"不同，"成年"拥有强烈的华人意识，并不认同日本人身份。正因如此，在身份与文化认同方面，"成年"与子女之间出现明显的代际隔阂。"成年"期待子女继承中华文化传统，而子女却排斥中文、中国式思维方式与行为举止。A7 的儿子 7 岁时跟随父母移民日本，2010 年（22 岁）大学毕业，2015 年（27 岁）不顾父母反对与日本人结婚。A7 认为婚姻不仅仅是当事人双方的事，而且关系到两个家庭，"与不懂中国文化习惯的日本人缔结的婚姻会给双方家庭带来精神压力"[②]。

（四）"壮年期移民组"（"壮年"）

　　自 90 年代后期以来，约有 580 名遗孤回国。他们的子女并非全部移民日本，赴日定居的"壮年"大部分来自中国农村或城市底层，他们希望通过移民达到提高生活质量的目的。90 年代末日本经济持续恶化，2002 年失业率创"二战"后最高水平。[③] 加之，"壮年"移民时年龄较高，日语理解能力全无，他们几乎不可能获得正式工作岗位。根据《就劳相谈员业务活动报告》记录与访谈对象口述，"壮年"在移民后的前十年内频繁失业、跳槽，难以建立生活基础。2017 年 12 月访谈时，该群体仍生活在日本社会的底层。其中一部分人（例如 M2）依靠日本政府提供的"生活保护"救济维持生计。

---

①　引自 2017 年 9 月对 A4、A5、A9 实施的访谈口述记录。
②　引自 2017 年 11 月对 A7 实施的访谈口述记录。
③　櫻井宏二郎：「90 年代の日本の労働市場——技術進捗とグローバル化を中心に」，大滝雅之編：『平成長期不況——政治経済学のアプローチ』，东京大学出版会，2008 年，第 89－109 页。

根据访谈可知，许多"壮年"满足于政府救济金而无工作意愿，从而给遗孤子女及旅日华人贴上"贪图安逸、不劳而获"的标签。因此，整体上"壮年"不但受到来自日本主流社会的歧视，而且逐渐被其他遗孤子女（"孩子""青年""成年"）、旅日华人孤立。

五、总结

（一）遗孤子女在旅日华侨华人中的定位

遗孤子女拥有中国血统，他们在中国出生并分别在不同的生活阶段陆续移民日本，因此可将该群体视为旅日华人。然而在社会融入问题上，遗孤子女又表现出不同于其他"新华侨"[①] 的一面。本文根据移民年龄将遗孤子女分为"学龄期移民组"（"孩子"）、"青年期移民组"（"青年"）、"成年期移民组"（"成年"）和"壮年期移民组"（"壮年"）四组。

在"二战"后长达40年中，日本政府未做出接受大规模外国移民的计划。20世纪80年代后期至90年代，伴随日裔中南美洲人和外国劳务的输入，日本社会才逐渐建立起外国人接纳体制。[②] 换言之，"孩子"是战后日本社会迎来的第一拨大规模外国移民[③]，同时也是第一批到达日本的"新华侨"，然而该群体一直被日本社会及学界忽视。80年代后期大量中国留学生赴日，逐渐成为"新华侨"主体。"青年"与这些留学生的赴日时期基本一致，所处的中日社会环境相同，生活阶段也类似，但是他们的赴日目的和赴日后的生命历程却截然相反。"青年"在遗孤回国政策下陪同父母赴日定居，随后从临时工状态开始职业生涯，长达十几年职业流动受到抑制。与之相比，留学生带有明确的赴日目的（即接受高等教育），他们一般进入日本的研究生院深造，毕业后逐渐成为华人精英。[④]

① 日本学界习惯将中日邦交正常化以后赴日的中国人统称为"新华侨"，该称呼区别于"二战"前和"二战"期间移民日本的"老华侨"。详情参见过放：『在日华侨のアイデンティティの変容——华侨の多元的共生』，东信堂，1999年。

② 是川夕：「现代日本における移民受け入れの历史——国际移动転换の观点から」，小﨑敏男・佐藤龙三郎编：『移民・外国人と日本社会』，原书房，2019年，第17–31页。

③ 同一时期（20世纪70年代至80年代初期）移民日本的还有日裔朝鲜人。

④ 朱慧玲：『日本华侨华人社会の変迁——日中国交正常化以后を中心に』，日本侨报社，2003年，第97页。

90 年代与"成年"同一时期赴日的中国人可大致分为留学生、劳务研修生和日本人配偶三种类型。虽然"成年"与这三类"新华侨"遭遇同样的"平成萧条"与劳动市场萎缩，他们的社会融入状况却不一样。留学生毕业后顺利进入劳动市场，他们属于学历最高、社会活动能力最强的"新华侨"。[①]"成年"虽然依靠遗孤关系轻而易举地获得"永住"资格，但是在社会融入能力上与留学生无法相提并论。劳务研修生主要来自中国农村，属于短期赴日打工者，合同到期时必须返回中国。日本人配偶一般为中国女性，尤其嫁入日本农村者居多。[②] 他们虽然面临孤独、受歧视等与"成年"类似的问题，但是在家庭经济基础构建方面并无障碍。

进入 21 世纪，中国高端人才（例如从事 IT 人员）开始移民日本[③]，日本"新华侨"结构呈现多元化。同一时期赴日的"壮年"主要来自中国农村或城市底层，与其他"新华侨"相比，他们由于年龄较高、语言不通、缺乏特殊技能等因素，在就业上处于最不利地位。只是"壮年"身为遗孤子女，容易获得"永住"资格和享受特殊公共服务，这一点令其他"新华侨""望尘莫及"。

简而言之，"新华侨"整体上已经融入日本社会，实现了社会地位的向上流动。[④] 然而，大部分遗孤子女却不具备这些特征。该群体在突如其来的遗孤回国政策下移民，上至社会制度，下至语言、思维与行为方式，日本社会均与移民前的环境存在较大差异，他们的生活出现断层。即使同为遗孤子女，移民时的年龄与生活阶段不同，移民后的社会融入与身份认同也不一样。

（二）遗孤子女的社会融入过程

80 年代日本的外国人接纳体制尚未建立，"孩子"转入当地中小学校后并未受到特殊的教育援助。此外，他们恰好遭遇日本社会在特定时期（70 年代末至 80 年代初）出现的"校园暴力"，同时面临强大的同化压力。"孩子"走向社会后逐渐实现职业的向上流动，较好地融入日本社会。

① 朱慧玲：『日本华侨华人社会の变迁——日中国交正常化以后を中心に』，第 111 页。
② 赛汉卓娜：『国际移动时代の国际结婚——日本の农村に嫁いだ中国人女性』，劲草书房，2011 年。
③ 王晓音：「高度人材の移动と分散——IT 革命を転机として（中国人高度人材：滞日経験者の国际移动 コミュニティとモビリティの関系性）」，小林真生编：『変容する移民コミュニティ』，明石书店，2020 年，第 126 –135 页。
④ Gracia Liu-Farrer, *Labour Migration from China to Japan: International Students, Transnational Migrants*, Routledge, 2011, p. 13.

80 年代后期"青年"移民日本后即将成人或已经成人,此时日本经济空前景气,而"青年"的父母由于语言障碍等原因无法在短时期内实现经济自立。在多重因素相互作用下,"青年"过早地进入劳动市场。然而,由于他们在成人过渡期没有储备人力资本(例如接受高等教育、参与职业培训等),移民后长达十几年职业流动受到抑制。"青年"时刻以构建生活基础、提高生活质量为目标,21 世纪初生活逐渐稳定。

90 年代"成年"及其配偶移民后恰逢"平成萧条",一直为严峻的就业难和频繁失业问题所困扰。该群体属于自费移民,并不在日本政府的资助范围内。同时在家庭内部,父母尚在接受政府救济,无力为"成年"提供最基本的生活援助。移民后长达数十年,"成年"在承受较大生活经济压力的同时,忍受着来自日本主流社会的歧视与孤立,2010 年以后生活趋于稳定。

"壮年"于 90 年代末以后赴日定居,至今大部分人几乎日语理解能力全无,依旧生活在日本社会的底层。

(三)遗孤子女的身份认同现状

移民时所处的生活阶段不同,遗孤子女的文化与身份认同也不一样。"孩子"于 80 年代前期赴日定居,初中毕业前他们在强大的同化压力下感到中国文化低人一等,不断追问"自己到底是哪国人"。生活趋于稳定后,关于中日文化及身份认同的内心冲突逐渐减弱。如今,"孩子"并不认同日本人或华人身份,而是将自己的身份属性定义为"思维与行为方式被日本化的遗孤子女"。与"孩子"相比,"青年"在即将成人前,换言之,在个体社会化已经形成但尚未完全理解中国社会的年纪移民日本,如今他们虽然了解中日社会文化、思维方式与生活习惯,但是理解并不深入,由此形成了所谓"半吊子"式的文化与身份认同。[1] 然而,该群体移民后不久便经历结婚、育儿等生命事件,长期为生活奔波,并不拘泥于身份与文化认同问题。90 年代"成年"家庭自费赴日,与"孩子""青年"不同,"成年"特别强调自身的华人身份与中国文化认同意识。这与"成年"移民时的年龄、所处的生活阶段、移民后的归化状况[2]、艰辛的生活

---

[1]　张龙龙:「1980 年代后半以降に急かされて来た残留孤児第二世代——『青年たち』の来日と初期定着に注目して」,『社会学年志』第 60 号,2019 年,第 113 – 129 页。

[2]　与"孩子""青年"不同,截至 2017 年访谈时大部分"成年"未加入日本国籍。

经历等密切相关。"壮年"虽然有华人意识，但不如"成年"强烈，大多数"壮年"满足于生活现状，而将融入日本社会的梦想寄托于子女一代。

如上所述，各个移民小组均在特定的年龄与生活阶段移民日本。赴日时机不同，他们的社会融入过程、文化与身份认同状况也不一样。移民这一行为如何影响遗孤子女的人生轨迹？在文化与身份认同上具体存在怎样的代际差异？每个移民小组的代际差异是否存在共通性与差异性？移民第三代的社会融入状况如何？笔者将在后续研究中解决这些课题。

Social Integration and Chinese Identities of the Children of Japanese War Orphans Left Behind in China

Zhang Longlong

Abstract：This paper reveals social integration and Chinese identities of the children of Japanese war orphans left behind in China from the life-course perspective. The subjects are divided into four groups by immigration ages. ① "Children group. " They were in school age when they immigrated to Japan in the early 1980s, and gradually realized the career upward mobility after immigration. They define themselves as "Japanese war orphans' children whose thinking and behavior have been assimilated by Japanese". ② "Youth group. " Under the influence of multiple factors, they made a hasty decision to immigrate to Japan in the late 1980s. They were busy building the foundation of life and improving the quality of life, and they are not entangled in the issue of cultural identity. ③ "Adult group. " Members of this group were called to Japan by their parents at their own expense. They faced with long-term employment difficulties and frequent unemployment problems. They all have a strong sense of Chinese identity. ④ "Mid-adult group. " They immigrated to Japan after the late 1990s, and still continue to live at the bottom of the social ladder in Japan.

Key Words：Japanese war orphans' children, immigration, life-course, social integration, identity

参考文献

［1］兰信三编：『中国残留日本人という経験——「満洲」と日本を問い続けて』，勉诚出版，2009 年。

［2］浅野慎一・佟岩：『中国残留日本人孤児の研究——ポスト・コロニアルの東アジアを生きる』，御茶の水書房，2016 年。

［3］中国「残留孤児」国家賠償诉讼弁护团全国连络会编：『政策形成诉讼——中国「残留孤児」の尊厳を求めた裁判と新支援策実現の軌跡』，中国「残留孤児」国家賠償诉讼弁护团全国连络会，2009 年。

［4］大坊郁夫・中川泰彬：「中国残留孤児家族の社会适応过程の心理学的検讨」，『心理学评论』第 36 号，1993 年。

［5］江畑敬介・曽文星・箕口雅博编：『移住と适応——中国帰国者の适応过程と援助体制に関する研究』，日本评论社，1996 年。

［6］兰信三编：『「中国帰国者」の生活世界』，行路社，2000 年。

［7］藤沼敏子：「年表——中国帰国者问题の歴史と援护政策の展开」，『中国帰国者定着促進センター纪要』第 6 号，1998 年。

［8］Gracia Liu-Farrer, *Labour Migration from China to Japan: International Students, Transnational Migrants*, Routledge, 2011.

［9］T. K. Hareven , *Family Time and Industrial Time: The Relationship between The Family and Work in A New England Industrial Community*, Cambridge University Press, 1982.

［10］小林悦夫：「中国帰国者二世三世の日本语学习と生保受给・就労の状況——2つの调査结果から」，『中国帰国者定着促進センター纪要』第 11 号，2007 年。

［11］驹井洋：『移民社会学研究——実态分析と政策提言 1987—2016』，明石书店，2016 年。

［12］驹井洋编：『中国帰国者二世・三世——中国と日本のはざまで』，筑波大学社会学研究室，1996 年。

［13］孔风兰：「残留日本人二世等の中国における生活史・志」，『神戸大学大学院人间発达環境学研究科研究纪要』第 6 号，2013 年。

［14］孔风兰：「残留日本人二世等の日本における生活史・志」，『神戸大学大学院人间発达环境学研究科研究纪要』第 8 号，2014 年。

［15］是川夕：「現代日本における移民受け入れの歴史——国際移動転換の観点から」，小﨑敏男・佐藤龙三郎编：『移民・外国人と日本社会』，原书房，2019 年。

［16］厚生労働省社会・援护局援护企画课中国孤児等対策室编：『中国帰国者とその家族のための帰国者受入れの手引』，2002 年。

［17］南诚：『中国帰国者をめぐる包摂と排除の歴史社会学——境界文化の生成とそのポリティクス』，明石书店，2016 年。

［18］宮田幸枝：「中国帰国者二世・三世の就労と职业教育」，兰信三编：『「中国帰国者」の生活世界』，行路社，2000 年。

［19］大桥春美：「日本と中国の狭间で——中国帰国者二世というアイデンティティ」，兰信三编：『中国残留日本人という経験——「満洲」と日本を問い続けて』，勉诚出版，2009 年。

［20］冈本智周：「カリキュラム政策の変迁における高度経済成长期の位置」，『学术の动向』第 23 巻 9 号，2018 年。

［21］大久保明男：「アイデンティティ・クライシスを越えて——『中国日裔青年』というアイデンティティをもとめて」，兰信三编：『「中国帰国者」の生活世界』，行路社，2000 年。

［22］大久保真纪：「中国帰国者と国家赔偿请求集団诉讼」，兰信三编：『中国残留日本人という経験——「満洲」と日本を問い続けて』，勉诚出版，2009 年。

［23］赛汉卓娜：『国际移动时代の国际结婚——日本の农村に嫁いだ中国人女性』，劲草书房，2011 年。

［24］櫻井宏二郎：「90 年代の日本の労働市場——技术进捗とグローバル化を中心に」，大滝雅之编：『平成长期不况——政治経済学的アプローチ』，东京大学出版会，2008 年。

［25］嶋﨑尚子：「家族の発达と个人のライフコース」，原ひろ子编：『家族论』，放送大学教育振兴会，2001 年。

［26］下野寿子：「中国帰国者と定着問題——問われる戦后処理と異文化

対応」，中逵启示编：『地域社会と国際化——そのイメージと現実』，中国新闻社，1998 年。

［27］王晓音：「高度人材の移動と分散——IT 革命を転机として（中国人高度人材：滞日経験者の国際移動　コミュニティとモビリティの関系性）」，小林真生编：『変容する移民コミュニティ』，明石书店，2020 年。

［28］呉万虹：『中国残留日本人の研究——移住・漂流・定着の国際関系论』，日本図书センター，2004 年。

［29］横山政子：「『帰国』をめぐる事情」，兰信三编：『「中国帰国者」の生活世界』，行路社，2000 年。

［30］张岚：『「中国残留孤児」の社会学——日本と中国を生きる三世代のライフストーリー』，青弓社，2011 年。

［31］张龙龙：「帰国援护政策と中国残留孤児の永住帰国过程——帰国动机に注目して」，『早稲田大学大学院文学研究科纪要』第 62 号，2017 年。

［32］张龙龙：「日本における中国残留孤児二世の就職过程——来日形态（国费・私费来日）に基づく比较研究」，『ソシオロジカル・ペーパーズ』第 26 号，2017 年。

［33］张龙龙：「1980 年代后半以降に急かされて来た残留孤児第二世代——『青年たち』の来日と初期定着に注目して」，『社会学年志』第 60 号，2019 年。

［34］张龙龙：「中国残留孤児第二世代の移住と初期定着——1990 年代に呼び寄せられた『成人たち』の事例」，『ソシオロジカル・ペーパーズ』第 28 号，2019 年。

［35］朱慧玲：『日本华侨华人社会の変迁——日中国交正常化以后を中心に』，日本侨报社，2003 年。

超越"软实力"的汉语国际教育:以泰国"汉语桥"为例谈汉语的"网络力"

马思睿[*]

【摘 要】自20世纪80年代起,对外汉语教学逐渐从专业学科发展成为一项"国家和民族的事业",并通过"汉语桥"工程走向世界,受到密切关注,也引发了广泛辩论。从软实力角度研究"汉语桥"工程及其实体机构,即孔子学院的相关活动固然切题且必要,但随之而来的许多争议却常因立场不同陷入僵局。汉语国际教育的深刻影响并不局限于"提高软实力"或"改善国际形象"等国家层面的单向目标。培植和发展语言本身的"网络力(network power)"才是汉语国际教育的根基和对外话语权力的源泉。本文通过对泰国"汉语桥"工程相关活动及参与师生(大多为海外华人)进行田野调查和访谈,从亲历者角度展现汉语国际教育的在地影响,理解其在个人、机构和国家层面的多重意义。

【关键词】汉语国际教育;文化外交;"网络力";"汉语桥";泰国

───────────
* 马思睿,新加坡南洋理工大学南洋公共管理研究生院研究员,博士。现为新加坡全国志愿服务与慈善中心研究员(Email:siruima@ nvpc. org. sg)

　　语言是社群文化的载体和身份认同的重要来源，学习和传承母语是一项基本权利；语言又是民族国家的产物和工具，国语不仅是立国之本，亦可成为外交战略资源，甚至"文明使命"的手段。在民族主义觉醒、民族国家建构以及国际冲突频繁的时期，语言常常成为各方争夺的场域，充满国家意志与个人选择的张力。对跨境移民而言尤为如此——当族群的语文传承与祖籍国的外交活动交互重叠时，他们如何看待涌入的资源，又如何理解语言学习的意义？作为语言国际传播的受众，他们如何与国家的外交目标互动，又给语言传播带来怎样的影响？

　　上述问题不仅涉及移民研究中有关身份和意义建构的经典课题，也是语言国际教育面临的现实问题。自 20 世纪 80 年代起，对外汉语教学逐渐从专业学科发展成为一项"国家和民族的事业"①，并通过实体机构孔子学院和旗舰项目之一的"汉语桥"工程走向世界，受到密切关注，也引发了广泛辩论。② 基于政府扮演的角色和投入的资源，国际学界在研究包括孔子学院在内的海外语言文化机构和各国语言国际传播政策时，通常将其置于公共外交和文化外交领域考察，围绕国际关系、国家形象、软实力等关键词展开论述。③ 国内学界的研究角度更为多元，且近年来尽量使用去政治化的术语，④ 但仍难以从理论层面将"文化传播""跨文化理解"和软实力、国际形象等外交目标区隔。整个 20 世纪，国家利益与国际关系主导了语言国际传播的政策与资源配置，而公共外交和文化外交研究也是基于这些国家行为展开的。"汉语桥"工程作为语言国际传播的"后来者"，不可避免地被视为中国文化外交和增强软实力之重大举措。

　　然而，海外语言文化机构实际作为教育机构开展日常活动，通过教学与实践

　　① 程裕祯：《新中国对外汉语教学发展史》，北京大学出版社，2005 年，第 89 页。

　　② 不仅国内外观点交锋，西方学者之间也有诸多辩论，较有代表性的如亚洲协会美中关系中心在线杂志《中参馆》2014 年一期对话栏目：https：//www.chinafile.com/conversation/debate-over-confucius-institutes。另见 Edward A. McCord, "Where's the Beef? Confucius Institutes and Chinese Studies in American Universities", *Critical Asian Studies*, 2019, 51（3）, pp. 426 – 432.

　　③ 例如：Robert Phillipson, "English Language Spread Policy", *International Journal of the Sociology of Language*, 1994, 107（1）, pp. 7 – 24；Gregory Paschalidis, "Exporting National Culture: Histories of Cultural Institutes Abroad", *International Journal of Cultural Policy*, 2009, 15（3）, pp. 275 – 289；James F. Paradise, "China and International Harmony: The Role of Confucius Institutes in Bolstering Beijing's Soft Power", *Asian Survey*, 2009, 49（4）, pp. 647 – 669；Falk Hartig, *Chinese Public Diplomacy: The Rise of the Confucius Institute*, Routledge, 2016；Jeffery Gil, *Soft Power and the Worldwide Promotion of Chinese Language Learning: The Confucius Institute Project*, Multilingual Matters, 2017.

　　④ 张东辉、郑佳：《孔子学院海内外镜像之比较——基于 2015—2020 年间的孔子学院中英文文献述评》，《中国人民大学教育学刊》2021 年第 1 期，第 151 – 169 页。

获得生机，亦需尊重独立于国家意志之外的语言传播规律和语言本身蕴含的权力关系。第二语言或外语教师们也需从专业角度出发，与学生进行日常互动和交流。因此，在语言国际传播以及更广阔的文化外交和公共外交领域，以社会联结为中心的"文化关系（cultural relations）"和以国家政策为中心的"文化外交（cultural diplomacy）"之间的张力始终存在。① 新公共外交理论试图超越具体的外交目标和国家利益，通过对话、参与及合作将非政府力量通过跨国网络关系进行联结，也是为了化解这种张力，以超越国家利益的眼光，营造更为和谐的国际环境，从而服务国家的长远发展。② 即便这种近乎"理想模型"的概念在实践中贯彻并不容易，但学界的呼吁和理论探索足以说明，仅从国际关系视角理解语言国际传播的动因是不全面的，对实践的参考价值也会受到局限。

已有学者尝试从更多角度诠释语言国际传播的多重面向。宁继鸣提出汉语国际教育具有"学科"和"事业"双重属性，③ 且有"全球公共产品"和"国家公共产品"二重性，④ 即分析了单方面强调其一的做法不利于汉语国际教育的健康发展。国际学界也有针对孔子学院的田野研究试图修正抽象的、自上而下的国际关系理论，从一线参与者的视角理解汉语国际教育的意义。⑤ 本文沿袭这一路径，对"汉语桥"工程在泰国的实践展开田野调查和访谈，从亲历者角度展现汉语国际教育的在地影响，重新审视以增强软实力、改善国际形象、传播中华文化等国家政策目标为导向的研究，借鉴社会学理论诠释语言国际传播在个人、机构和国家层面的多重意义。在依靠国家资源建构起的跨国社会空间内，语言教育

---

① J. M. Mitchell, *International Cultural Relations*, Allen & Unwin, 1986, p. 3.

② Nancy Snow, "Rethinking Public Diplomacy". In Nancy Snow and Phillip M. Taylor eds., *Routledge Handbook of Public Diplomacy*, Routledge, 2009, pp. 3 – 11; Jan Melissen, "The New Public Diplomacy: Between Theory and Practice". In Jan Melissen ed., *The New Public Diplomacy: Soft Power in International Relations*, Palgrave Macmillan, 2005; Ien Ang, Yudhishthir Raj Isar and Phillip Mar, "Cultural Diplomacy: Beyond the National Interest?", *International Journal of Cultural Policy*, 2015, 21 (4), pp. 365 – 381; R. S. Zaharna, Amelia Arsenault and Ali Fisher, "Introduction: The Connective Mindshift". In R. S. Zaharna, Amelia Arsenault and Ali Fisher eds., *Relational, Networked and Collaborative Approaches to Public Diplomacy: The Connective Mindshift*, Routledge, 2013, pp. 1 – 14.

③ 宁继鸣：《汉语国际教育："事业"与"学科"双重属性的反思》，《语言战略研究》2018 年第 6 期，第 6 – 16 页。

④ 宁继鸣：《语言国际推广：全球公共产品和国家公共产品的二重性》，《文史哲》2008 年第 3 期，第 125 – 130 页。

⑤ Amy Stambach, *Confucius and Crisis in American Universities: Culture, Capital, and Diplomacy in U. S. Public Higher Education*, Routledge, 2014; Jennifer Hubbert, *China in the World: An Anthropology of Confucius Institutes, Soft Power, and Globalization*, University of Hawaii Press, 2019.

不仅承载了国家的政策目标，更是对个人的"赋权（empowerment）"，不仅有国家话语的表达，也有个人意义的建构。语言的"网络力"可以提供一个新的理论框架，超越国家中心叙事，同时保持对权力关系的反思，进而从全球汉语网络的角度更好地理解汉语国际教育的根基和对外话语权力的源泉。

一、语言的国际传播和语言的"网络力"

（一）语言国际传播的动因及影响

语言的国际传播并非天然与政府的外交政策相关联。20 世纪以前活跃于海外的语言教育和文化机构有两种形态。一是传承认同、归属和民族自豪感的自发行为，通常以本民族在海外的聚居地与社群为中心，以民间组织、宗教团体——而非祖籍国政府——为主要推动者，如"全德学校协会"以及"但丁协会"。[1] 20 世纪前的华侨教育亦为此类自发办学。[2] 另一种则是带有"文明使命"色彩、为强化对海外殖民地和势力范围的影响而进行的语言文化推广活动，以"法语联盟"为代表。[3]

随着"一战"爆发，政治目标导向的"文化宣传"代替国家认同导向的"文化民族主义"，成为欧美各国对外文化政策的主流。[4] 海外语言文化机构亦从想象的共同体的依托变为外交战略工具，不论阵营、意识形态，为所有国家所采用。"二战"之后，英美两国均意识到英语在后殖民时代维系其国际影响力的重要性，于是两国通过政府、基金会和高等教育界的密切合作，投入大量资源促进以英语为教学语言的外语教学的学术化和专业化，并着重在"第三世界国家"扶植英语教育。[5] 直至 20 世纪末，政府依然是英语国际传播的重要赞助者和推动者。在 1989—1990 年英国文化协会（British Council）3.21 亿英镑的预算中，有 2.67 亿（83%）来自外交和联邦事务部以及海外发展管理局，只有 17% 来自英

---

① Gregory Paschalidis，"Exporting National Culture：Histories of Cultural Institutes Abroad"，*International Journal of cultural Policy*，pp. 277 – 279.

② 别必亮：《承传与创新：近代华侨教育研究》，河北教育出版社，2001 年，第 11 页。

③ Gregory Paschalidis，"Exporting National Culture：Histories of Cultural Institutes Abroad"，*International Journal of cultural Policy*，p. 278.

④ Gregory Paschalidis，"Exporting National Culture：Histories of Cultural Institutes Abroad"，*International Journal of cultural Policy*，pp. 279 – 281.

⑤ Robert Phillipson，"English Language Spread Policy"，*International Journal of the Sociology of Language*，p. 16.

语教学收入，且已然是努力创收之后的情况。①

现今，英国文化协会的收入结构已完全翻转。据 2019—2020 年报显示，政府补助金仅占 15%（1.87 亿英镑），其余绝大部分收入均为市场来源，包括语言教育、考试和合同等。② 经过殖民统治、经济引领和外交耕耘的历史积累，英语成为事实上的全球通用语，位居各类信息网络之中心，汇集了大量的资源，散布全球的不同语言也能通过英语相互沟通。③ 掌握英语是利用这些资源、参与跨国活动的前提。英语国际传播的主要动因发生了转移，不再依赖殖民者的枪炮，母语国政府甚至也减少了资源投入，学习英语成了世界各地想要参与国际活动的国家和个人的自发行为。

然而，这种"选择"并非完全自由。长期的殖民统治、经济吸引和专业助推造就了英语国际交流媒介的地位。考虑到学习语言需要投入可观的时间、精力和社会成本，多数母语非英语的社会和个人会首先将资源投注在英语学习上，以此获得参与国际活动最实用的工具。学习英语可以说既是自觉自愿，又是迫不得已，即人们为了自身利益学习英语，没有强加的民族主义和文化认同，也没有殖民政府的暴力胁迫，但事实上并没有功能类似的另一种语言可供挑选。

在为学习者带来更多资源和机会的同时，英语在全球语言文化系统中的优势地位也随着使用者人数的增加而巩固，挤压着其他语言的生存空间，并通过扩展英语产品的市场，助力英语母语国家的文化影响力。"地道"的口音和"标准"的语法更影响了使用者的地位——听到熟练的英语表达，我们自然地认为那是"好"的，甚至是"对"的。于是，英语母语者不仅节约了大量学习语言的资源和时间，说话时仿佛还有种天然的权威。人和人、国与国在国际竞争中的起点也因此而不同了。

（二）语言的"网络力"及其特征

如何从理论层面描述语言的这种力量？英语曾经借助自上而下的政治意志获得传播的动力，体现了一种有明确代理（agent）的权力形式。但如今，英语的

---

① Robert Phillipson，"English Language Spread Policy"，*International Journal of the Sociology of Language*，p. 16.

② British Council，"Annual Report and Accounts 2019 – 20"，https://www.britishcouncil.org/sites/default/files/annual_report_2019-20.pdf（accessed August 3, 2021），2021，p. 53.

③ Shahar Ronen et al.，"Links That Speak：The Global Language Network and Its Association with Global Fame"，*Proceedings of the National Academy of Sciences*，2014，111（52），pp. 5616 – 5622.

国际传播已脱离了由强制力保障的代理机构，转而依赖社会关系中的结构性力量。格雷沃尔以"网络力"描述社会关系（relations of sociability）中的权力运作，认为人之所以会聚在一起，是为了开展协作，而"社会协作的共同模式"即可称为"标准（standards）"。① 国际标准的确立使得全球范围内的协作成为可能，这些标准具备"网络力"，体现在两个层面：第一，使用标准的人越多，标准就越有价值（即规模经济）；第二，当某个标准超越阈值成为一种"必然"时，那些本"可能被自由选择的替代标准"也就逐渐被边缘化了。② 换言之，选择某种标准开展协作的人越多，这个标准就越有价值，从而挤压其他标准的存在空间，逐渐成为主导。主导地位的确立依靠的是想要参与协作的个体"分散选择的积累"，是一个去中心化的过程，不由某个代理机构（如主权国家）掌控。③

标准可大致划分为"沟通标准（mediating standards）"和"资格标准（membership standards）"，二者并不相互排斥。前者通过其本身的存在让协作得以进行，后者则是进入网络的必要条件。语言是一种典型的"沟通标准"，采用这项标准（学习并使用某语言）才能开展相关活动，否则人们将无法进行有意义的互动和协作，社会网络亦不复存在。④ 在选择标准时，人们可能会出于"内在"或"外在"原因做出决定。前者是指某些标准由于其本身特性能更好地实现协调功能而被采纳，后者是指标准能带来有价值的资源。⑤ 如果我们根据语言带来的资源，而非语言本身简洁优美等特性选择学习某种语言，即是出于"外在"原因做出的决定。为了获取标准整合的资源，人们会愿意付出相应的代价进行标准转换，例如付出时间和成本学习一门新的语言。

格雷沃尔的"网络力"揭示了语言在跨国社会活动中施展力量的途径：通过聚集资源吸引想要加入网络的人，而越来越多人的加入不仅增加了这门语言作为"沟通标准"的价值，也压缩了其他语言在国际协作中发挥作用的空间。但语言传播中的权力关系不止于此。在同一语言网络上，使用者的地位也不平等。布迪厄分析语言的象征权力（symbolic power），指出"正确"的语言习惯是社会

---

① David Singh Grewal, *Network Power: The Social Dynamics of Globalisation*, Yale University Press, 2008, pp. 3 – 4.

② David Singh Grewal, *Network Power: The Social Dynamics of Globalisation*, p. 26.

③ David Singh Grewal, *Network Power: The Social Dynamics of Globalisation*, p. 11.

④ David Singh Grewal, *Network Power: The Social Dynamics of Globalisation*, pp. 21 – 22.

⑤ David Singh Grewal, *Network Power: The Social Dynamics of Globalisation*, p. 29.

建构的产物。由于现代国家需要"官僚系统的可预测性和可计算性"，语言的统一和标准化是必要的，因为新的社群将建立在没有密集日常交流的"抽象群体"之上，思想将在陌生人之间传递。① 然而，语言规范化过程不仅订立了标准，还赋予某种语言习惯"合法性"，也让相应社会群体获得特权。当特定的语言习惯被赋予价值判断，成为"规范"，并通过学校教育和就业市场的一致要求渗透至全社会，其他语言习惯则沦为"不合规"，人和人之间亦产生等级差异。② 语言的"国家化"和"标准化"原本是国家构建的一部分，但经过标准化的语言一旦成为跨国交流的媒介，也就将标准语言的权威带出了国界，造就了国际社会中基于语言的特权和歧视。

结合两种理论可以发现，作为国际交流媒介的标准化语言的"网络力"有其特殊之处。一方面，像其他社会协作标准一样，使用者越多，其提供给网络成员的价值越大，对网络之外人群的吸引力也越强；另一方面，其强大的网络力不仅挤压其他语言的生存空间，也会在自身编织的社会网络中制造人与人、国与国之间的权力差异。换言之，具有强大网络力的语言一方面给使用者带来充分的资源和机会，另一方面也给母语者带来结构性优势。参考英语全球传播的经验，可以总结出标准化语言网络力的以下特征：

第一，语言的网络力不取决于语言本身的特质，主要靠两种方式积累：一是国家在政治、军事和经济力量支撑下，通过政策方向和资源投入培养；二是当语言聚集了足够吸引人的资源时，通过想要进入网络、获取资源的人的自主选择而不断强化。历史上，欧洲国家通过殖民主义和帝国主义为各自语言的网络力打下基础，到20世纪，又通过文化宣传和公共外交政策助力其发展。其中，英语凭借经济和科技实力以及多年政策耕耘获得了绝对中心地位。在世纪之交，巩固其网络力的动因已逐步转化为世界各地的人们为谋求自身发展做出的努力，即格雷沃尔所谓"去中心化的分散选择的积累"。

第二，语言的网络力既可以赋权个体，又在不同语言之间和同一语言网络上制造权力差异。语言学习可以消除信息流通的障碍、打开新世界的大门，即便付出较大代价来进行"标准转换"也是值得的。但在越多的个体获得赋权的同时，

---

① Pierre Bourdieu, *Language and Symbolic Power*, Polity, 1991, pp. 43–48.

② Pierre Bourdieu, *Language and Symbolic Power*, p. 49.

语言的中心地位越牢固，也就进一步将其他语言推向边缘。同一语言网络上，权力差异依然存在。一方面，母语者无须付出转换标准的代价，即可获取语言整合的资源。同时，由于标准化语言本身的象征权力，语言标准的制定者将拥有结构性优势，决定了何为"正确"，何为"错误"。对于多样性丰富的语言（如中文）来说，其影响在跨境传播中尤为值得注意。另一方面，语言网络力强大意味着以此为媒介的文化和思想产品享有更广阔的市场和更多受众，对于母语国来说，其创造了有利于提高其软实力和话语权的环境。

如此看来，汉语国际传播若要获得持久动力，需增强汉语作为国际协作"沟通标准"的价值。汉语国际教育的深刻影响并不局限于"提高软实力"或"改善国际形象"等国家层面的单向目标，而是通过赋权学习者来巩固汉语作为国际交流媒介的"网络力"，为汉语使用者和母语者创建更为有利的国际环境。对于个体而言，学习汉语获得的是持续进行自主探索的能力和工具，探索的结果亦是开放性的，不一定往政府期望的方向发展。但无论个人看法如何，他的加入已为汉语带来了资源，增加了汉语的网络力。而当网络力足够强大，汉语国际教育的市场将相对繁荣稳定，亦可改善母语国的国际话语环境。换言之，培植和发展语言本身的"网络力"才是汉语国际教育的根基和对外话语权力的源泉。

二、在泰国架设"汉语桥"

（一）泰国华语教育的变迁与汉语国际教育的发展

"二战"结束后，华文学校如雨后春笋般蓬勃发展，却在后殖民时代与当地高涨的爱国热情和国家建构中发生了碰撞。语言与政治认同在特殊时期紧密关联，不仅模糊了海外华人身份的多样性，也让语言成了华人的"原罪"，丧失了家庭以外的生存空间，不可避免地日渐式微。随着 1955 年新中国国籍法颁布，华人不再拥有双重国籍，华语教育也不再是"远距离民族主义（long-distance nationalism）"的象征，① 而是华人作为住在国公民，争取民族继承语学习权利的核心诉求。

---

① Nina Glick Schiller, "Long-Distance Nationalism". In Melvin Ember, Carol R. Ember and Ian Skoggard eds. , *Encyclopedia of Diasporas*: *Immigrant and Refugee Cultures Around the World*, Springer US, 2005, pp. 570 – 580.

然而，冷战背景下，这让东南亚各国统治者如芒在背。泰国政府自20世纪30年代即开始推行同化政策，远早于东南亚大多数国家。虽然华文学校数量受抗战影响在逆境中有所增加，但战后銮披汶·颂堪政府的清洗和不利的国际环境让华文学校处境艰难，只允许教授一门外语的规定更是强化了英语的地位。① 50年代初，华校和学生的数量急剧减少；到60年代初，泰国华人已无法在族群内部接受完整的华文中小学教育。② 随后的几十年内，边缘化华语的政策没有发生改变，泰国华人也就此完成了语言和文化上的泰化。

20世纪，华语在泰国经历了从"国语"到"继承语"甚至"外语"的转变，唯有泰北尚存一些学校保留着形式上的"国语/继承语"教育，并遵守国民政府制定的语言标准。中华人民共和国成立伊始，"对外汉语"尚未成为一门专业学科，在国际上为汉语教育提供包括标准、教师、教材、培训和学术交流平台等种种资源的主要是偏居一隅的台湾当局。1951—1971年，台湾当局外派出境1 172名汉语教师，主要面向东南亚各国；③ 相比之下，1952—1979年，仅有307名汉语教师由新中国外派出国。④ 至70年代末期，活跃在汉语国际教育前沿、为国际中文网络提供资源的，依旧是台湾当局支持的机构。⑤

随着中华人民共和国在国际上各项合法权利的恢复，汉语国际教育的主动权也逐渐回归。汉语拼音方案于70年代末为联合国采用，又于1982年通过国际标准化组织成为真正意义上的"国际标准"。对外汉语学科建设和专业标准制定亦逐步完善。⑥ 1987年，"国家对外汉语教学领导小组"成立，对外汉语升格为汉语国际教育，成为国家和民族之事业。90年代后，随着中国大陆的改革开放，经济腾飞，汉语国际教育图景发生了深刻变化。曾经迫切要斩断境内华人与祖籍国语言联系的东南亚各国政府一方面业已确立自身国家认同并完成国家建构，另一方面也认识到了华语的巨大经济价值和汇聚资源的潜力，纷纷试图重新加入汉语网络之中。泰国不仅于90年代初放宽中文教育的限制，其教育部甚至颁布了

---

① Jiemin Bao, "Nationalisms and Soft Power Games：Chinese Language Programs in Thailand", *Journal of Chinese Overseas*, 2017, 13（1）, pp. 10 – 11.

② Jiemin Bao, "Nationalisms and Soft Power Games：Chinese Language Programs in Thailand", pp. 11 – 12.

③ 姚兰：《六十年台湾海外侨民教育之沿革》，《海外华文教育》2015年第2期，第197页。

④ 程裕祯：《新中国对外汉语教学发展史》，北京大学出版社，2005年，第37页。

⑤ 姚兰：《六十年台湾海外侨民教育之沿革》，第199 – 200页。

⑥ 程裕祯：《新中国对外汉语教学发展史》，第82 – 89页。

一个雄心勃勃的《促进泰国汉语教学，提高国家竞争力战略规划》，"把促进汉语教学提高到了提高国家竞争力的战略高度"，让"全泰国人民有机会普遍学习汉语，能使用汉语进行交流、学习并有更多的工作选择机会"，提供包括奖学金等在内的资源和政策支持。①

随着国际汉语教学需求的增加，国家对外汉语教学领导小组于 2001 年"设立'国家汉办项目经费'，大幅度增加对对外汉语教学事业的投入"②。2004 年，国务院批准了《"汉语桥"工程》五年规划，目标是"让汉语走向世界，使汉语在世界主要国家和地区得到尽可能广泛而深入的传播 …… 逐步成为 21 世纪新的国际强势语言"③。之后国际上耳熟能详的汉语教学品牌，包括孔子学院、"汉语桥"比赛等一系列项目均在此规划中得以明确。至此，在国际上提供汉语教学资源并制定标准的主体从台湾转移至大陆。以简体字和拼音为特征的标准化汉语的"网络力"愈发彰显——台湾地区出版的面向海外的中文教科书亦须在注音符号旁标注汉语拼音以方便使用，拒绝使用拼音也被批评为"自绝于"国际社会。④

在不借助殖民主义等强制力的条件下，语言的国际传播和"网络力"的增长主要依靠格雷沃尔所谓"分散选择的积累"，即个体付出努力进行语言标准转换，加入中文网络的行为（对于移民及后代来说，也包括付出努力维持母语、继承语能力的行为）。回顾汉语国际教育 80 年代以来的发展，可以说中国的经济腾飞是汉语"网络力"增强的最重要推动力。汉语汇集的资源和机会让包括东南亚各国在内的国际社会均产生了投资汉语教育、付出一定代价进行标准转换的意愿。为了利用好汉语"网络力"发展的机遇期，中国政府需要提供相应的资源和帮助以支持各国的汉语教学（即标准转换），尽早实现规模经济效益，让"网络力"呈现"滚雪球"式的自我强化。"汉语桥"工程正可以起到这样的作用。

---

① 吴应辉等：《泰国促进汉语教学，提高国家竞争力战略规划》，《国际汉语教育》2009 年第 1 期，第 39 – 47 页。

② 郑树山主编：《中国教育年鉴》，人民教育出版社，2002 年，第 342 页。

③ 《"汉语桥"工程：2003 年至 2007 年工作规划》，中华人民共和国教育部教公开告〔2016〕第 5887 号，2004 年，第 1 页。

④ 姚兰：《六十年台湾海外侨民教育之沿革》，第 208 页；Horng-luen Wang, "Globalisation and Institutional Isomorphism：Examining the Postmodern Condition of Taiwan's National Question in the Debate over the Romanisation Policy of Chinese Characters", *SOCIETAS：A Journal for Philosophical Study of Public Affairs*, 2002 (3), p. 140.

（二）"汉语桥"工程的在地影响

21 世纪以来，泰国的语言政策为汉语国际教育提供了良好的发展空间，也打开了观察汉语网络力发展的独特窗口。2003—2016 年，泰国累计接收了超过一万两千名中国派遣的汉语教师志愿者，服务全泰国各级各类学校，为世界之最。[①] 从两国政府的角度来说，举国家之资源和财力深耕汉语国际教育，当然不仅仅是为了赋权学习者。泰国政府希望借此乘上中国经济发展的东风，而中国政府亦希望在"向世界推广汉语"之外，更能"扩大中国在世界上的影响"。[②] "汉语桥"工程面向的群体，也远不止于海外华人，甚至可以说主要面向非华人，承载着跨文化交流之重任。这与 20 世纪西方国家语言国际传播的战略目标是类似的。但在包括泰国在内的东南亚地区，汉语国际教育的受众在很大程度上仍以华人为主，即便汉语对他们而言已几乎等同于外语。学界将东南亚汉语教学的复兴作为"再华化"现象的一部分进行讨论，认为重构联结、文化认同和面向当地是其基本特征。[③] 本文想要追问的是，作为语言国际传播的受众，他们如何看待涌入的资源，又如何理解语言学习的意义？从千差万别的个人选择，到不同国家的战略意图，是什么力量维系着各方的协作？

2016 年春，曼谷市中心酒店礼堂内，16 名泰国大学生即将角逐于"汉语桥"泰国赛区初赛。获得一等奖的两名选手将赴华参加复赛，二等奖的第一名也会获得前去观摩的机会，国际旅费由中方承担。比赛的主题是"梦想点亮未来"，分为主题演讲、知识问答、即兴演讲和才艺展示环节。比赛的评委主要由各家孔子学院中方院长和汉教界资深教授组成，观众则包括曼谷地区上百位中文专业的学生、老师以及志愿者教师。

比赛以主题演讲拉开帷幕。演讲中反复出现的关键词包括"梦想""中国梦""学好中文""去中国""中泰友好交流""中泰一家亲"，以及中国的经济、美食、美景、文化和中文的优美与魅力。例如："我喜欢中国，所以我想学好汉语。我的中国梦是想好好学习，以后代表泰国促进和中国的友谊"；又如："到中国去成了我当时最希望实现的梦想"，"做外交使者，让中泰一家亲更深入人

---

① 中华人民共和国驻泰王国大使馆文化参赞陈江，2016 年 6 月 25 日，曼谷。

② 《"汉语桥"工程：2003 年至 2007 年工作规划》，第 1 页。

③ 韩晓明：《从"再中国化"到"再华化"——百年间东南亚华人的身份重构及其对华文教育的影响》，《东南亚研究》2020 年第 3 期，第 133 – 157 页。

心"，"我相信，日新月异的中国必将点亮我璀璨的未来之梦，腾飞的中国经济必将成就中泰两国的共同辉煌"。

主题演讲是同学们事先背诵好的。通常，指导老师会与学生交流，发掘一些具有个人特色的话题内容，根据学生水平在其创作基础上进行修改润色，然后与学生反复练习发音和节奏。但显然，个人特色和经历并不是重点。绝大多数情况下，主题演讲的语言是模式化、有套路的，基本反映了中泰两国的政策话语。除了最为典型的"中泰一家亲"外，还强调中国的经济发展、旅游等和泰国紧密相关的话题。中泰两国源远流长的移民和融合也被歌颂，但汉语如何成了华人的外语这一话题，未有人提及。

背诵好的主题演讲是学生最基本的得分项。令人颇为惊讶的是，在包含汉语知识、文化知识和国情知识的问答环节，也经常透露出熟练背诵的痕迹——题目刚刚投在大屏幕上，不等主持人念完题目，甚至不等我这个母语者看完，就有许多同学可以给出正确答案。这些题目并不简单，汉语知识重点考查拼音、词义、语法等，而文化和国情知识的广度和深度要求颇高，从名山大川、历史事件、行政区划到时政新闻、社会经济、生活常识，无所不包。要熟练背诵整个题库，才能保证问答环节的得分。

参赛选手中，有一位中文熟练程度近乎母语的同学 C。她在演讲中说："小时候，我认识一名老中医。他长髯飘飘、仙风道骨……在他的影响下，我对中医产生了兴趣……是他让我意识到作为一名中医师的崇高，在我幼小的心灵埋下了梦想的种子。"很可惜，这位同学最后以微小差距与去中国的机会失之交臂。C 的指导老师 W 赛后坚持要求评委组提供打分细节，发现是才艺展示得分不太理想。当时 C 穿着太极服装唱了一首闽南语歌，在一众华丽唐装、京剧脸谱、书法古筝的"热闹"中显得平淡了些。W 老师和评委组老师就方言节目是否得到了公正对待问题发生了一些龃龉。W 老师认为，如果评委不希望看到方言节目，在上报节目时应告知选手，而不是比赛中给低分；评委组老师对此不置可否，转而说："大家都不是专业的，主要还是看气氛……"在赛后专为老师和选手准备的自助午餐上，C 的失落显而易见，几乎未动筷子。W 老师愤愤地说道："东南亚华人最喜欢闽南语歌了，他们不懂。"

C 不是土生土长的泰国人。她出生于马来西亚，母亲是泰国人，父亲来自中国台湾。生长在马来西亚的 C 不仅学会了中文、泰文和马来文，英文也相当熟练，还会一点闽南语，甚至又自学了日语。虽然舞台上她曾表示童年经历让自己爱上中文和中医，现实故事恐怕更为复杂。中学期间，父母离异，母亲回到泰国，自己和妹妹留在马来西亚由父亲抚养。然而，到了要毕业的年纪，想继续念书的她无法获得父亲的支持："我爸爸说，女孩子读那么多书干什么呀？但我真的很想念大学……"她向母亲倾诉，得到了母亲和外公的全力支持，让她和妹妹都来泰国生活。虽然不知母亲家里经济状况如何，她怀着上学的希望搬到了泰国。

外公拿出多年积蓄为她付了学费。阴差阳错地，她进了中医专业，意外发现符合自己的兴趣："以前对中医的印象就是老头子拿黑色药水给人喝，连针灸都不知道……后来发现挺符合我的认知，能学得下去。听说中医在美国也越来越流行啦，也许在那里能赚比较多钱。"她问了我许多关于国外和欧美的问题，但没有主动提及中国。于是我问："你去过中国吗？""没有"，她答。"那你想去吗？""当然想！"没等我说话，她接着说道："我还想去（中国）台湾、美国、日本和欧洲！我只有很小的时候去过一次新加坡……"问起她为何选择闽南语歌作为才艺表演，她说："所有的时间都花在准备演讲和问答题上了。闽南语歌对我来说不太难，在台上不会太紧张。"

让 C 站在"汉语桥"比赛舞台上的，是青春少女对世界的好奇和拥抱未来的热忱。她有幸获得家人的支持上了大学，但还没有幸运到可以依靠父母和家庭力量出国，只能自己争取。而"汉语桥"就是一扇通向外部世界的大门，每年向她敞开。她需要过关斩将，争取跨过门槛，走向更广阔的天地。她的华人血统和近乎母语的中文能力给了她登台竞争的优势，而不是理由——演讲中表达的华人文化传承在现实生活中几乎不可捕捉，而她对这个从未涉足的祖籍国也没有超越其他国家的特别兴趣和向往。她的"梦想"和"未来"本来并不一定与中国和中文相关，但"汉语桥"工程的推广和孔子学院的建设将实现梦想的具体途径直接带到了泰国山区的校园里。

获得代表学校参赛的资格并不容易，指导老师和学生都要付出巨大的努力，承担荣誉和期望，也面临着校内同行竞争的压力。与 C 和 W 老师同行的是泰国老师 X 和泰国本地学生 D。X 老师本系的学生最后时刻退赛，W 老师临时换上外系的 C 来补位，X 老师懊恼之余不忍让学生陷入困境，且明白 W 老师对学生尽心尽力，依旧安排了她和 W 老师的一切行程。为了来曼谷参赛，她们一行 4 人要在公路上颠簸十几个小时，连夜赶路，睡在车上以节约住宿费用。

对 C 而言，参加"汉语桥"比赛并获得去中国的机会更像是锦上添花的美好期盼，即便不能实现，至少她没有负债，仍在读书，还有各国朋友，未来尚有许多路可走。但对于一同来曼谷观摩比赛的 D 同学而言，人生境遇又大不一样。D 家里"几乎家徒四壁，连个像样的门都没有"，靠助学金读书，学习十分刻苦。X 老师对她格外关注，带她观摩比赛是想为今后参赛做准备。X 老师自己也出身穷苦家庭，泰华混血，父亲是潮州人。除了几句方言，她的家庭生活中再没有华人文化的痕迹，连春节也不庆祝。彼时她对学习也不甚上心，几乎看不到向上流动的可能，直到中学接触汉语，忽然发现了自己的天赋。凭借学校的奖学金，她在中国读完本硕，回到泰国成为大学老师。对 D 而言，"汉语桥"是复制 X 老师人生路径、实现社会阶层向上流动的珍贵机会。

D 内向寡言，但谈及对未来的期望时显得格外兴奋。她说自己"特别想去中国，就算只有一天"，也非常想念教过自己的一位志愿者老师，想再见到她。和 D 有类似经历的还有"汉语桥"比赛的场下观众，他们来自曼谷市区一所大学，即将和自己钟爱的汉语老师分别。在社交网站上，他们用汉语、英语和泰语写下句句祝福和不舍："希望老师永远不要忘记我们""很幸运和你一起学习汉语，希望能再见面"等。从南部的农村至北部的山区，整个泰国都有来自中国的志愿者的身影。对于偏远地区的孩子而言，志愿者老师就是一扇看世界的窗口，拓展他们的眼界，给他们带去关于未来的更多想象。

2016 年春的那场比赛散场后，几位参赛者在礼堂拍照留念。赢得一等奖的女孩高举奖状，在礼堂内来回奔跑，自顾自地喊着："我要去中国啦！"没有评委和观众的目光，充满希望的快乐全然是真情流露。赛场之外，热闹的曼谷街头，一位会中文的导游每月收入可能高达七八万泰铢，有中文招牌的咖啡店总能吸引更多顾客。没有赢得比赛的学生，也有光明的未来可以期盼。

回顾"汉语桥"比赛的台前幕后，我们看到在依靠国家资源建构起的跨国社会空间内，国家话语的表达和个人意义的建构共存。"汉语桥"比赛主题全球一致，是国家话语集中展示的平台：2008 年奥运会、2010 年世博会，以及后来的"中国梦"和泰国特色的"中泰一家亲"，充分体现了语言国际推广活动的文化外交功能。但从泰国学生的经历可以看出，舞台上的宏大叙事、"做中泰交流的使者"、"热爱中华语言文化"这类标签式的情感表达背后，让学生付出数年努力、全情投入准备比赛的，更多是对未来的憧憬、对外部世界的渴望和对社会阶层流动的追求。但"汉语桥"比赛的软实力元素并未充分被参赛学生及当地民众接收和消化，主要由中国外派的教师和志愿者生产，以供对内宣传——比赛现场没有当地媒体报道，仅有中方人员撰写新闻稿后在国内媒体刊登。学生对演讲和知识问答中展现出的国家叙事并没有特别的看法，甚至不一定注意到它们的存在，只是一心一意按照老师的要求，尽力争取一个好的成绩。至于何为"好的""对的"，则主要由中国外派教师和志愿者凭借自己的专业知识和作为"局内人"的经验做出判断。

当然，赛场之外，汉语网络上的每个人都有独特的主体性。老一辈泰国华人排除万难保留的母语能力，在新时期终于卸下"他者"的包袱，得以大放光彩。设立于曼谷地区著名中学的一所孔子课堂即是在当地华人精英的鼎力支持下建设发展起来的，他们既出钱又出力，还亲自辅导学生，其全情投入令人动容。华人和泰国人的身份终于不再冲突，积郁多年的压抑和委屈终于得到排遣。年轻时的遗憾和不甘，后辈也无须经历，这恐怕是他们所能设想的最好结局。但即便如此，和中方的合作也不是一帆风顺的。是否举办文化活动，举办什么样的活动等等，都是对跨国合作开展汉语教学的考验。更不用说和 X 老师有类似留学中国经历的泰国青年一代，他们不一定会重拾华人认同，对中国也有各种各样的看法。他们若是回到学校从事汉语教育，对源源不断输入的中国老师和志愿者自然是爱恨交加——许多泰国本土教师坦言，学校无须耗费成本即可请到更"地道"的汉语老师，让他们的专业水平瞬间沦为"二等"，更不敢在工资问题上讨价还价。中国老师只身在外没有家累的敬业和奉献也让他们倍感压力。X 老师的朋友之中，也不乏因此告别教育界，投身商业或旅游业的。但无论个人看法和选择如何，即便转行、出国或再去中国大陆、台湾，甚至新加坡深造，他们依然是汉语网络的一部分，依然通过它获得资源，也为它带来资源。

在泰国广义的汉语网络上，不同语言习惯和标准（从方言到繁体字和注音符号）尚能共存，却也主次分明。W 老师在比赛失利的那一刻已然决定，两个月后中方举办的另一场比赛，她要将 C 的才艺项目换成诗朗诵。即便真正原因已不可考，她不想再冒风险表演方言节目。而泰北仍在接受台湾当局资助的华校学生，为了参加孔子学院举办的比赛，也会背着校长补习简体字和拼音。大多数情况下，这些小小的麻烦并不影响孩子们参与的热情和老师成就学生的心愿。一位台湾"侨委会"外派的"替代役"教师表示，他会从学生角度考虑，教授拼音和简体字，让他们充分利用每个机会去接触方圆 20 公里以外的世界。

　　超越代际和立场将所有人联系在一起，维系着汉语教学跨国协作的，是汉语的经济和文化价值，是其汇聚的资源和承诺的未来，是汉语的"网络力"。台湾教师的例子说明，某种程度上，汉语的"网络力"已经通过分散选择的积累呈现。但孩子们最终站在"汉语桥"而不是"英语桥"或"日语桥"的赛场上，则是中国和泰国政府政策导向和多年资源投入的直接成果——汉语的"网络力"在中泰两国政策助力之下正逐渐被培养起来。而汉语国际教育的繁荣需建立在汉语"网络力"基础之上：泰国之所以能为"汉语桥"工程提供相对友好的环境，是为了以汉语助力国家经济发展，泰国高校重视汉语教学的程度也与市场对毕业生的需求息息相关。在市场需求增长、国内资源不足的情况下，与中方合作成立孔子学院、接受外派教师及志愿者，成为最现实的选择。相应地，中国高校和相关专业的学生为泰国提供急需教学资源的同时，也把握住了国际化发展和职业生涯的良好机遇。只有在汉语网络力不断增强的情况下，这种发展路径才能得以延续。虽然中泰双方在日常工作中不可避免地产生竞争和摩擦，但顺应市场需求推广中文教育、提高学生的汉语水平依旧是大家的共同愿望和价值所在。

　　从个人的主体性，到高校的发展需求，再到国家的战略意图，维系着各方协作的根本动因是汉语教学对个人、机构和国家发展的助力。因此，增强汉语的"网络力"成为汉语网络参与者的共同利益与愿景。在此过程中，文化软实力要借助语言网络力才有可能发挥潜移默化的作用，但不论软实力是否增强，中国政府已经收获了官方话语的展示平台，泰国政府也实现了语言教育的政策目标，合作办学的孔子学院亦达成了传播语言文化、选择优秀学生来华体验的重要任务，而拓展人生、改变命运的机会也被实实在在地放在了发展中国家的普通家庭和偏远山区的底层孩子面前。

三、从"事业"到"桥梁"：培植汉语的"网络力"

　　包括孔子学院和"汉语桥"比赛等旗舰项目在内的"汉语桥"工程常被学界和媒体视为中国政府 21 世纪以来最重大的文化外交举措，旨在增强软实力。而这项工程在不同国家呈现出不尽相同的面貌，在不同受众面前亦可能引起截然相反的情绪。其中，不仅包含了对中国的不同看法，更有所有国家文化外交活动都会面临的"文化关系"和"国家利益"之间的拉扯。而语言的国际教育与传播是民族国家与世界交往的一个特殊维度，虽然承载了国家利益的期待与民族主义的表达，却通过在实践中促进多元文化共生和赋权个体获得长久生命力。从语言的网络力，而非国家的软实力角度，能更好地理解语言国际传播的动因和影响，也有助于重新思考这项工作的瓶颈。

自改革开放以来，中国的经济发展为中文的国际传播提供了最根本的动力。中文的实用性增强，汇集的资源和机会越来越多，让各国政府在制定语言政策时开始考虑中文作为国际交流媒介的潜力。不仅东南亚国家，2003 年中美也达成合作，将中文列为美国大学理事会组织的大学选修课程之一。但汉语离成为事实上的国际交流媒介依然有相当的距离，其尚离不开中国政府的资源投入和着力培养，"汉语桥"工程即是中国政府投入资源促进汉语成为国际交流媒介的重大举措。通过在国家层面推动汉语教育进入主流教育体系，输送老师、教材，合作办学建立孔子学院和孔子课堂，中国政府以创新模式撬动了资源，让各国能更轻松地尽快加入汉语网络。

然而，以软实力为重点的语言推广理念有时掩盖了汉语国际传播的真正动因。吴应辉曾指出，虽然从未有公开明确的表述，汉语国际传播在资源配置上总体呈现"发达国家优先战略"[①]。这一点也为国际学界注意，并以此为依据佐证中国语言传播背后的软实力目标。如果以网络力视角重新审视汉语传播的全球布局会发现，若能在中文的实用性和吸引力高的地区，针对自身资源缺乏的人群重点投入，充分发挥"教育"和"赋权"的巨大能量，应会收获较好的结果；而针对软实力薄弱的地区迎难而上，试图用有限的展示扭转社会的普遍看法，几乎是不可能完成的任务。当中文网络力足够强，中国获得位于网络中心的结构性优势，国际舆论环境和话语权亦可相应改善。

同时，我们应当保有对自身结构性优势的反思能力，更加妥善地处理汉语的多样性问题和与本土教师及其他地区外派教师的关系。尤其在华人社群付出极大代价、为保留华文教育全力奋斗过的地方，即便使用拼音和简体字，其用语习惯、口音等和中国普通话也有一定差异。在教学和日常生活中应尊重和理解这些用语习惯，实现教学目标的同时，不要去简单粗暴地贴上"错误"标签，能避

---

① 吴应辉：《汉语国际传播事业新常态特征及发展思考》，《语言文字应用》2015 年第 4 期，第 31 页。

免对华裔学生的"他者化"，避免加深华人社群的代际语言鸿沟，① 最大限度地展现和利用汉语的"网络力"，也能更好地实现跨文化交流的目的。

2003 年，全球汉语学习者约有 334 万人；至 2014 年，据报道这个数字已过亿。② 这是"汉语桥"工程十年耕耘的硕果。相比之下，全球能使用英文进行一定交流的人数在 2013 年约有 17.5 亿，估计在 2020 年，学习和使用英文的人数约 20 亿。③ 汉语作为全球交流媒介的网络力仍在酝酿之中。汉语国际教育既是学科，也是事业，更是桥梁。从汉语网络力，而非中国软实力角度重新思考这项工作，要求我们站在语言本身角度，充分发挥其协调国际交流与合作的功能，赋权个人，沟通世界，展现出超越一国"事业"的更大价值。

Going beyond "Soft Power" to Cultivate the "Network Power" of Chinese Language: Case Study of "Chinese Bridge" Project in Thailand

Ma Sirui

Abstract: Since the 1980s, Teaching Chinese as a Second Language developed beyond an academic discipline into "a cause of the state and the nation" and went global with the introduction of the "Chinese Bridge" Project, drawing attention and sparking debates. It is indeed relevant and necessary to evaluate the "Chinese Bridge" Project and its institutions with soft power theories, however, the controversies that followed are often deadlocked due to discrepancies in stance. The profound impacts of Teaching Chinese to Speakers of Other Languages (TCSOL) are not limited to those one-directional goals at the national level, such as "strengthening soft power" or

---

① Hua Zhu and Wei Li, "Geopolitics and the Changing Hierarchies of the Chinese Language: Implications for Policy and Practice of Chinese Language Teaching in Britain", *The Modern Language Journal*, 2014, 98 (1), pp. 326–339.

② 郑树山主编：《中国教育年鉴》，第 343 页；《全球汉语学习者人数过亿》，《人民日报》，2014 年 8 月 30 日。

③ British Council, "The English Effect", https://www.britishcouncil.org/organisation/policy-insight-research/research/the-english-effect (accessed August 3, 2021), 2013.

"improve international image". Cultivating the "network power" of Chinese language is fundamental to the development of TCSOL and the source of China's international discursive power. Based on fieldwork of the "Chinese Bridge" Project in Thailand and interviews with the participants (teachers and students, most of them are ethnic Chinese), this paper illustrates the on-the-ground impacts of TCSOL, and interprets its multi-layered meanings at individual, institutional and national levels.

Key Words: TCSOL, cultural diplomacy, "network power", "Chinese Bridge", Thailand

散居的意涵及其变迁：东南亚华人的经验[*]

彤丽思　刘　宏[**]

【摘　要】华人散居者（Chinese diaspora）构成全球移民的重要部分。由于地理相邻和贸易联系，华人移民在东南亚历史久远，直到 20 世纪 50 年代，这一地区都是福建和广东移民的主要目的地。此后，从东南亚以及中国香港和台湾前往北美、澳大利亚和欧洲的再移民带来了地理上更为多元的散居华人图景。随着 70 年代后期中国开始改革开放，华人移民来源地也变得更加多样。虽然散居华人在许多方面各具特色，但它也体现出与散居亚洲人相关的一些更大论题和变化内容，包括认同和家乡联系，导致散居者内部分裂的不同因素，政府融合散居者的尝试，以及在不同历史时期和地缘政治背景下国家和散居者之间的关系。本文旨在分析变化着的散居意涵（认同、差异及家乡联系），以及这一背景下东南亚散居华人从最初定居该地区至当今的历史演变和理论框架。

【关键词】华人散居者；认同；家乡联系；中国；东南亚；北美

＊　本文是在作者的英文文章基础上翻译和扩充改写而成的。原文为 Els van Dongen and Liu Hong, "The Changing Meanings of Diaspora: The Chinese in Southeast Asia". In Brenda S. A. Yeoh and Gracia Farrer-Liu eds., *Routledge Handbook of Migration*, Routledge, 2018, pp. 33 - 48。作者感谢王赓武教授和刘双教授的建设性评论以及鲁虎博士的精心翻译。本研究得到南洋理工大学的资助（M4081271, M4081020）。

＊＊　作者简介：彤丽思（Els van Dongen），新加坡南洋理工大学人文学院副教授；刘宏（Liu Hong），新加坡南洋理工大学协理副校长、社会科学学院陈六使讲席教授、南洋公共管理研究生院院长、中国教育部长江学者讲座教授（Email: LiuHong@ ntu. edu. sg）。

华人散居者——据估计人数在 6 000 万左右——分布于地球的各个角落，是世界上人数最多的移民群体之一。它构成散居亚洲人的重要部分，不仅因为其数量，而且还因为超过四分之三的散居华人今天仍居住在亚洲。由于地理相邻和贸易联系，华人移民东南亚的历史久远，直到 20 世纪 50 年代，那里都是来自福建和广东移民的主要目的地。此后，从东南亚以及中国香港和台湾前往北美、澳大利亚和欧洲的再移民，带来了地理上更为多元的散居华人图景。随着 70 年代后期中国开始改革开放，华人移民的来源地也变得更加多样，他们来自中国的各个地方，而不仅仅是传统的华南移出地区（侨乡）。虽然散居华人在许多方面各具特色，但它也可以体现出与散居亚洲人相关的一些更大论题和变化内容，包括认同和家乡联系的问题，导致散居者内部分裂的不同因素，政府融合散居者的尝试，以及在不同历史时期和地缘政治背景下国家和散居者之间不断变化的关系。本文旨在分析变化着的散居意涵（认同、差异及家乡联系），以及这一背景下东南亚散居华人从最初定居该地区直到当今的历史演变和理论框架。

一、散居的三种意涵与东南亚华人

在初始的意涵里，散居是指犹太人和亚美尼亚人被"打散"，即作为"受害散居者"遭受磨难和压迫。① 因此，该词意涵为强迫流放、一种由共同的苦难经历而形成的共同群体认同，以及一种需要重构的对家乡的向往。尽管该词的各种用法在 20 世纪 90 年代以来已大为增多，我们仍在有关散居的文献中找到该初始意涵的一些参考资料。这些文献着重研究认同和集体记忆、与当地社会疏离的出现，以及在散居社群中与家乡保持的联系。

最近几十年的学术文献也包括散居的新意涵。某种意义上说，这一用词已逐渐融入更大的探索中，诸如在全球化和跨国主义的范式更新背景下解构"对文化和社会的固定和静止理解"②。散居作为一个反向的理论视角，凸显了民族国家范式的局限，转而关注次国家和跨国两个层次上的相互联系。这里，从麦基翁（McKeown）注重跨国流动和联系的"散居观点"来看，网络的角色尤其重要。③

---

① Robin Cohen, *Global Diasporas: An Introduction*, University of Washington Press, 1997, p. 4.
② Adam McKeown, "Conceptualizing Chinese diasporas, 1842 to 1949", *Journal of Asian Studies*, 1999, 58 (2), p. 308.
③ Adam McKeown, "Conceptualizing Chinese diasporas, 1842 to 1949", *Journal of Asian Studies*, p. 307.

散居在这一意义上也挑战了传统移民概念中把流动作为线性和单向的理解。文化上，散居意味着对单一叙述的背弃，赞同多元、异质或"作为差异的散居（diaspora-as-difference）"。

然而，在第三个意涵上，散居这一用词已成为一个"实践范畴"（category of practice），被各国用来宣称拥有国家边界之外人口并"鼓励效忠"①，反映出"将跨国移动国家化"的趋势。② 作为一个政治范畴，政府已用该词来抹去散居者的差异，以努力吸引尽可能多的大众，因为想象"他们的"散居者为能够管控的同质群体并共有对"祖国"的忠诚，是民族国家的利益所在。所以，对"作为批判的散居（diaspora-as-critique）"在该词第三种用法中正受到威胁来说，差异的观念是极其关键的。

构成散居基础的同质化不只为该词的政治使用所特有，它还构成散居初始意涵的基础。把散居者设想为拥有被迫流放共同经历的群体，减少了其内部差异，例如阶级、种族、宗教、方言、来源、职业或世代。因此，对"散居"一词用于特定历史背景外时所带有的本质化和同质化危险，学者们已提出警告。③ 我们因而不仅要关注散居华人的共同历史经历，也要注意华人社群内部的差异性。

散居作为群体认同、差异和家乡联系的多种意涵之间的张力，也明显见于东南亚华人研究范式的不断变化中，东南亚一直是研究华人的主要地理焦点。直到第二次世界大战，华人被学术界视为"不变的"侨居者。华侨（overseas Chinese）一词大多出现在官方话语和学术界中，用来指"二战"之前的时期，来自广东和福建的移居到东南亚的，并抱着落叶归根想法的单身华人。直到20世纪60年代，"南洋华侨"一词，暗示着存在一个统一和同质的社群，这在研究中常见。五六十年代，在民族主义兴起和冷战的背景下，研究者大多把认同问题

---

① Rogers Brubaker, "The 'Diaspora' Diaspora", *Ethnic and Racial Studies*, 2005, 28 (1), pp. 12.

② Elaine Lynn-Ee Ho, Maureen Hickey and Brenda S. A. Yeoh, "Special Issue introduction: New Research Directions and Critical Perspectives on Diaspora Strategies", *Geoforum*, 2015 (59), p. 153; Biao Xiang, Brenda S. A. Yeoh and Mika Toyota eds. , *Return: Nationalizing transnational mobility in Asia*, Duke University Press, 2013.

③ Ien Ang, "Together-in-difference: Beyond Diaspora, into Hybridity", *Asian Studies Review*, 2003, 27 (2); Gungwu Wang, "The problems with (Chinese) Diaspora: An Interview with Wang Gungwu". In Gregor Benton and Liu Hong eds. , *Diasporic Chinese Ventures: The Life and Work of Wang Gungwu*, Routledge, 2004.

放在几个东南亚国家华人同化研究的框架中。① 这一民族国家框架在研究中一直被运用到 80 年代，之后逐渐让位于"散居观点"，而后者则关注东南亚华人的跨国移动、联系、流动、机制和网络。②

80 年代期间，学者们还用一种把认同视为由国家、文化、种族和阶级等组成的复杂和多层范畴的认识，来取代不变的侨民相对于同化的国民的简单二分法。③ 90 年代以来，随着文化研究的不断推动，研究者们进一步把"华人性"、多元文化主义，以及作为文化保留、"分离性"（separateness）和"原生民族主义"（proto-nationalism）制造者的散居者的观念问题化。④ 此后，诸如托托克（totok，'纯'华人）或布拉纳干（peranakan，土生华人）等用词背后的"混杂性（hybridity）"已日益得到认可。⑤ 近年来，学者们注意到少数族裔以及全球背景下这些社群认同模式变化的问题。⑥ 与此同时，与能动性（agencies）、互连性（interfaces）及边缘性（marginality）作为散居华人特点有关的问题，也已经得到论述。⑦

散居华人的较早批评者关注中国中心性的空间特性或对当地化进行否定，而陈佩珊（Shelly Chan）最近则提出支持使用空间意义上的"散居"概念。陈佩珊认为，散居较少关于解构中心和边缘的模式，而更多是问谁声称拥有散居者，以及在特定时间点上是出于什么目的。因此，中心和边缘两者是互相依存的力量，受到利益、观念和价值随时变化的影响。⑧

---

① William Skinner, *Chinese Society in Thailand: An Analytical History*, Cornell University Press, 1957; Gungwu Wang, *A Short History of the Nanyang Chinese*, Eastern Universities Press, 1959.

② Adam McKeown, "Conceptualizing Chinese diasporas, 1842 to 1949".

③ Wang Gungwu, "The Study of Chinese Identities in Southeast Asia". In Jennifer Wayne Cushman and Gungwu Wang eds., *Changing identities of the Southeast Asian Chinese since World War Ⅱ*, Hong Kong University Press, 1988, pp. 1–21.

④ Ien Ang, "Together-in-difference: Beyond Diaspora, into Hybridity".

⑤ Ien Ang, "Together-in-difference: Beyond Diaspora, into Hybridity"; Coppel, Charles, "The Chinese Overseas: The Particular and the General", *Journal of Chinese Overseas*, 2012 (8), pp. 1–10.

⑥ Elena Barabantseva, *Overseas Chinese, Ethnic Minorities and Nationalism: De-centering China*, Routledge, 2011; Jessieca Leo, *Global Hakka: Hakka Identity in the Remaking*, Brill, 2015.

⑦ Liu Hong, "Introduction: Toward a Multi-dimensional Exploration of the Chinese Overseas". In Liu Hong ed., *The Chinese Overseas*, Vol. 1, Routledge, 2006; Hong Liu and Els van Dongen, "The Chinese Diaspora", *Oxford Bibliographies in Chinese Studies*, Oxford University Press, 2013.

⑧ Shelly Chan, "The Case for Diaspora: A Temporal Approach to the Chinese Experience", *Journal of Asian Studies*, 2015, 74 (1), pp. 107–128; Anh Sy Huy Le, "The studies of Chinese diasporas in colonial Southeast Asia: Theories, concepts, and histories", *China and Asia*, 2019, 1 (12), pp. 225–263.

为了突出关于散居不同理解之间的关系，并考虑到陈佩珊在不同"时刻"（moments）对散居的理解的论述，本文将讨论东南亚散居华人演进的五个主要时期或"时刻"。它们是：①南洋和殖民扩张中华商的早期历史（15—19 世纪）；②19 世纪 50 年代后大量劳工移民；③ 20 世纪初的民族主义运动；④非殖民化和冷战时期；⑤全球化和新自由主义年代中国改革开放时期（1978 年之后）。每个时期显示了散居在家乡联系、差别动力，以及与散居华人角色和重要性层面上的对中国国家看法的变化。如果我们把散居理解为时间和空间上利益相互竞争的一个场域，且由散居群体、当地社会和家乡组成和共有，那么散居将仍是一个有用的分析范畴。

二、早期华商和殖民扩张

个别的华商早在秦汉时期（前 221 年至 220 年）就来到马来半岛南部和大陆东南亚，但随着 13 世纪东南亚商业活动的增长，华人社群才得以出现。① 明永乐五年至宣德八年（1407—1433 年），郑和七下西洋，起到了把朝贡体系下与东南亚的关系官方化的作用。即使 15 世纪中期明朝实施海禁，但 1567 年部分禁令的取消，带来了事实上的贸易合法化和私人帆船贸易的增长。

16 世纪在葡萄牙人和西班牙人来到东南亚之前，华人作为贸易中间商已经活跃于这一地区。在殖民时期早期，他们主要作为工匠、劳工及殖民统治者下的"包税人"。在这一制度下，华人得到准证来为殖民当局收取土产和服务税，贩售鸦片、烈酒，赌博和典当成为获利丰厚的行当。② 该制度建立在东南亚殖民时期之前的"官员"间接统治的当地制度上，即所谓的甲必丹制度，其中由顶级商人担任华人社群的领袖。

闽商大多从事私人贸易，用瓷器和丝绸等中国货物交换如香料和檀香木等东南亚产品。庞大的商业网络把福建人从琉球群岛到马来半岛连接起来，并跨越了朝鲜、九州、琉球、台湾和马尼拉等岛上的社群。这些网络以家族、乡土、血

① Geoff Wade, "General Introduction". In Goff Wade ed., *China and Southeast Asia*, Vol. 1, Routledge, 2009, pp. 1 – 38.

② Philip Kuhn, *Chinese among Others*：*Emigration in Modern Times*, Rowman and Littlefield, 2008；William Skinner, "Creolised Chinese Societies in Southeast Asia". In Anthony Reid ed., *Sojourners and settlers*：*Histories of Southeast Asia and the Chinese*, Allen & Unwin, 1996, pp. 51 – 93.

缘、行会和个人联系为基础，通过诸如宗族内收养义子或结拜兄弟的活动得到巩固。就在这一时期的早期，华人社群就已远非是同质的。例如，在西班牙属下马尼拉的早期城市居住地，就包括有以作为中间商的华人领袖为著名的马尼拉 – 阿卡普尔科大帆船贸易供应产品的富商，居住在华人区（Parián，巴力安）的小商人和工匠，以及提供食物和服务的劳工。①

17 世纪，东南亚华人贸易扩张。锡矿和金矿开采以及胡椒和甘密的种植在该区域内兴起，以满足华人的需求。到 18 世纪，华人也已逐渐在中国和东南亚之间从事大米贸易。在婆罗洲、廖内、邦加和柔佛的其中一些早期劳工移民社群，劳工、头人和资本提供者即头家之间建立起"公司"或合伙关系，这让他们得以自我治理或准自主。② 该时期其他形式的社群组织还包括"帮"，它建立在方言的基础上，复杂的内部等级制跨越阶级分歧，负责招募工作，并提供庇护。③

每一个主要的方言群体有其专长职业，它不仅受到各个移民群体技能的影响，而且也受到当地社会网络和条件的左右。16 世纪起，福建海上商人出现于中国台湾、菲律宾、爪哇、马来亚、婆罗洲和暹罗。广东人擅长贸易和种植经济作物，在马来亚人数众多。潮州人大多以泰国为基地，以造船而闻名，也在种植园工作，并从事诸如大米贸易的生意。客家人则移民到马来亚和新加坡，在那里从事采矿、林业和农业。④

清政府继承明朝禁止移民和视移民为"乱民和弃民"的政策，部分是因为移民给予在台湾的郑成功（国姓爷）政权实际的支持。⑤ 尽管直到 1693 年移民还遭到禁止（对贸易的禁令在 18 世纪期间取消），19 世纪前半期东南亚华人社群依

---

① Joshua Eng Sin Kueh, *The Manila Chinese：Community，Trade，and Empire，c. 1570 – c. 1770*, Ph. D. DISS, Georgetown University, 2014.

② Carl A. Trocki, "A Drug on the Market：Opium and the Chinese in Southeast Asia, 1750 – 1880", *Journal of the Chinese Overseas*, 2005, 1 (2), pp. 147 – 168.

③ Philip Kuhn, *Chinese Among others：Emigration in modern times*.

④ Gungwu Wang, "Patterns of Chinese migration in Historical Perspective". In Gungwu Wang ed., *China and the Chinese overseas*, Times Academic Press, 1991, pp. 3 – 21; Adam McKeown, "The Social Life of Chinese Labor". In Eric Tagliacozzo and Wen-chin Chang eds., *Chinese circulations：Capital，commodities，and networks in Southeast Asia*, Duke University Press, 2010, pp. 62 – 83.

⑤ Ching-hwang Yen, *The Role of the Overseas Chinese in the 1911 Revolution*, Chopmen Enterprises, 1978, p. 7.

然迅速扩展。① 因为贸易禁令、贸易自身的需求，以及对季风往返的依赖，东南亚早期华商群体是临时和被迫的侨居者。② 鉴于社群的迅速增长，马尼拉在1603年和巴达维亚在1740年③都发生了对华人社群的驱赶和屠杀。

由于移民为男性（大多是单身汉），而华侨抱有返回祖国的想法，所以出现了一种"两头家"体系。他们在来源地保留一个家庭，又在当地娶了妻子。因为这一做法，"克里奥尔化（creolized）的华人社会"如菲律宾的梅索蒂斯（Mestizos）及马来半岛和印尼群岛的布拉纳干（Peranakans），在十七八世纪以一种稳定的方式发展起来。④ 这些社群的商人，扎根于当地和华人两种文化之上，成为合适的包税人。到18世纪末，东南亚华人的经济状况通过包税以及诸如零售贸易和放贷的方式稳固下来。⑤ 无论是在欧洲殖民地或在非殖民统治的君主国，东南亚华人都从庇护者——国家的脆弱保护和已有职业专长中获益。⑥

在这一时期早期，正是华人商人和中间商的社会经济引人注目——与其他地区华人相比这点非常突出——导致了他们被歧视⑦以及保持与同乡的联系。然而，如前所述，群体内的认同差异已经明显展现，因为早期"侨居者"不仅仅是商人，也有劳工和工匠。萨弗兰（Safran）认定"贱民资本主义"（pariah capitalism）是散居华人的特质，而王赓武则对散居华人拥有"商业敏锐和财富"这类说法的单一理解提出警告。⑧ 此外，这一早期的贸易网络反驳了民族国家方

---

① Geoff Wade, "General Introduction"; Gungwu Wang, "Extracts from the Nanhai Trade". In Geoff Wade ed., *China and Southeast Asia*, Routledge, 2019, pp. 105 – 156.

② Gungwu Wang, *Community and nation: Essays on Southeast Asia and the Chinese*, Heinemann Educational Books, 1981, p. 120; James K. Chin, "Junk Trade, Business Networks, and Sojourning Communities: Hokkien Merchants in Early Maritime Asia", *Journal of Chinese Overseas*, 2010 (6), p. 157.

③ Philip Kuhn, *Chinese among others: Emigration in Modern Times*.

④ William Skinner, "Creolised Chinese Societies in Southeast Asia".

⑤ Hui Kian Kwee, "Chinese Economic Predominance in Southeast Asia: A Long-term perspective". In Norman G. Owen ed., *Routledge Handbook of Southeast Asian History*, Routledge, 2014, pp. 289 – 299.

⑥ Philip Kuhn, "Towards a Historical Ecology of Chinese Migration", Conference paper for "Chinese and Southeast Asia", UCLA, 2001. Reprinted in Liu Hong ed., *The Chinese Overseas*, Vol. 1, Routledge, 2006, pp. 67 – 97.

⑦ Edgar Wickberg, "Overseas Chinese Adaptive Organizations, Past and Present". In Ronald Skeldon ed., *Reluctant Exiles: Migration from Hong Kong and the New Overseas Chinese*, M. E. Sharpe, 1994, pp. 68 – 84.

⑧ 刘宏、黄坚立主编：《海外华人研究的大视野和新方向：王赓武教授论文选》，（新加坡）八方文化企业公司，2002年；William Safran, "Diasporas in Modern Societies: Myths of Homeland and Return", *Diaspora: A Journal of Transnational Studies*, 1991, 1 (1), p. 89; Gungwu Wang, "The Problems with (Chinese) Diaspora: An Interview with Wang Gungwu". In Gregor Benton and Hong Liu eds., *Diasporic Chinese Ventures: The life and work of Wang Gungwu*, Routledge, 2004, pp. 49 – 60.

法，反映出散居的第二种意涵，强调在这些网络建构中同族群性（co-ethnicity）的作用。[1] 最后，中国的主要策略将会阻碍移民活动，而不是获得其散居者的忠诚。

三、19 世纪 50 年代后大规模劳工移民

19 世纪中期起，劳工移民及其较为低层的社会经济背景，使得散居华人作为一个社会经济特别阶级的图景进一步复杂化；移居是种经济生存策略。来自华南的劳工移民大规模增加，促进了 19 世纪 70 年代至 20 世纪 20 年代之间大规模跨洋航运的兴起。在中国内部，人口压力（1790 年到 1850 年期间，中国人口从 3 亿增加到 4.2 亿）、价格上升、通货膨胀、太平天国起义、回民起义以及军阀割据，一般都被列为推力因素。[2] 在华南区域内，鸦片战争结束，《南京条约》（1842 年）签订后，1842 年广州、厦门、福州、宁波和上海开放为通商口岸，港英政府设立。较早的移民通过福建商人网络或来自广东的矿工已经开始迁移，而此后，香港崛起成为一个移民中心。[3] 在这里，散居作为网络、联系和流动的第二种意涵突显出来。

从香港和这些新开放通商口岸出发，苦力和劳工被船运到新世界（英属西印度、古巴和秘鲁）和澳大利亚，来填补废除奴隶劳动的空档。他们在种植园中工作，或在工业化产业中作为劳工。尽管这些口岸以及香港和新加坡的苦力代理机构主要为外国拥有，但也有一些是华人开办的。此外，许多人依赖于华人"苦力捐客"（客头）和下属捐客替他们做工。[4] 华人苦力模式于 19 世纪 70 年代结束，但在东南亚一直延续到 20 世纪 20 年代；苦力只构成 19 世纪期间 250 万华人移

① Philip D. Curtin, *Cross-Cultural Trade in World History*, Cambridge University Press, 1984.

② Dirk Hoerder, *Migration and Belongings: 1870 – 1945*, The Belknap Press of Harvard University Press, 2012, p. 23.

③ Adam McKeown, "Conceptualizing Chinese Diasporas, 1842 to 1949", pp. 313 – 314; Elizabeth Sinn, *Pacific crossing: California Gold, Chinese Migration, and the Making of Hong Kong*, Hong Kong University Press, 2013.

④ Ching-hwang Yen, "Chinese Coolie Emigration, 1845 – 74". In Chee-Beng Tan ed., *Routledge Handbook of the Chinese Diaspora*, Routledge, 2013, p. 75.

民的八分之一。①

在东南亚，殖民扩张和欧洲对东南亚产品日益增加的需求带来华人贸易和零售商业的繁荣，华人逐渐取代了原有商人。在生产方面，越来越多的华人劳作于矿山和种植园，为华人区域和欧洲市场提供产品。② 从 19 世纪后期到 20 世纪 40 年代，欧洲帝国主义把中国和印度与东南亚更紧密地联结在一起。劳工市场一体化和殖民政策导致华人和印度工人的大量移民，一项估计显示这一时期缅甸、马来亚和泰国接受了超过 1 500 万华人和印度移民。在契约劳工制度下，华人劳工在马来亚、苏门答腊、英属婆罗洲和沙捞越的种植园做工，在那里种植树胶、咖啡、棕油、甘蔗和椰子。③

随着 18—19 世纪英国人来到东南亚和建立海峡殖民地（槟城、新加坡和马六甲），这些地方吸引了以峇峇和海峡华人而闻名的华人中间商阶层以及来自中国的移民。从 19 世纪早期开始，直接的殖民管理意味着东南亚包税制度以及这一制度中华人中间精英角色的衰落。④ 旧精英的衰落也将影响社群组织。

至于群体认同及与家乡的关系，随着 19 世纪中期后的大量移民到来，北美和东南亚两地建立起基于方言、地域和姓氏等交错因素的乡土组织（会馆）⑤，用来帮助初来乍到的移民。这些"适应性组织"（adaptive organisations）⑥按等级建立，以富有的社群成员为领袖，以提供住房和就业服务帮助新来者。这些会馆的组织原则反映出移民体系中亲缘和家族关系的重要性，以及网络中语言的关键作

---

① Gungwu Wang, "Patterns of Chinese Migration in Historical Perspective". In Gungwu Wang ed., *China and the Chinese Overseas*, Times Academic Press, 1991, pp. 3 – 21; Dirk Hoerder, *Migration and Belongings*: *1870 – 1945*, pp. 25 – 26. 麦基翁则认为，这一时期 200 万到 800 万华人移民的总数字太低，因为它大多只是统计契约劳工和"苦力"移民的中英文资料有限数目。他依据中文资料，认为超过 2 000 万的华人在 19 世纪 40 年代至 20 世纪 30 年代之间离开了华南，见 Adam McKeown, "Chinese Emigration in Global Context, 1850 – 1940", *Journal of Global History*, 2010 （5）, pp. 95 – 124; McKeown, Adam, "The Social Life of Chinese Labor", In Eric Tagliacozzo and Wen-chin Chang eds., *Chinese circulations*: *Capital, commodities, and networks in Southeast Asia*, Duke University Press, 2011, pp. 62 – 83.

② Hui Kian Kwee, "Chinese Economic predominance in Southeast Asia: A long-term perspective", p. 292; Trocki, Carl A., "A Drug on the Market: Opium and the Chinese in Southeast Asia, 1750 – 1880", pp. 147 – 168.

③ Amarjit Kaur, "Migrant Labor and Welfare in Southeast Asia". In Norman G. Owen ed., *Routledge Handbook of Southeast Asian History*, Routledge, 2014, pp. 167 – 171.

④ Philip Kuhn, "Towards a Historical Ecology of Chinese Migration", Conference paper for "Chinese and Southeast Asia", pp. 67 – 97.

⑤ Lawrence W. Crissman, "The Segmentary Structure of Urban Overseas Chinese Communities", *Man*, 1967, 2 （2）, pp. 185 – 204.

⑥ Edgar Wickberg, "Overseas Chinese Adaptive Organizations, Past and Present", pp. 68 – 84.

用。如上文所提到的，方言群体从事特定的专长职业，而来自同一地域或亲缘群体的人前往同一目的地，这些连锁移民随之出现。

除了这些乡土组织，一些其他组织，例如私会党和商业行会，在殖民时期的东南亚也具有重要作用。商会取代了行会，后者在 19 世纪后期起着会馆、贸易协会和其他协会的保护性组织的功用。随着大规模移民改变了旧的中间商社群，超方言组织的商会因此取而代之。自愿组织在汇款到家乡或侨乡上同样扮演了重要的角色，侨乡构成了散居华人和中国之间最重要和实际的联系之一，为跨国资本主义的兴起做出了贡献。①

至于中国对散居华人的态度，这一时期出现了一项重要转变。清政府开始着手保护华侨，首个中国领事馆于 1877 年在新加坡设立。② 华侨的国籍问题在这一时期首先出现，1868 年，清政府和美国之间签订《中美天津条约续增条约》（*Burlingame Treaty*）。清政府不承认其在美国或归国臣民的在地归化，从而明确华人是在法律、政治和文化上与中国联系在一起的华侨（overseas Chinese）。③ 中国那时承认中国之外华人社群的存在，并将其视为中国的国民。

四、20 世纪初：祖国的召唤

20 世纪初，华人的群体认同和家乡联系，与国家极力声称拥有作为其人民的散居者，二者清楚地交织在一起。家乡联系机构的"正规化"（formalization）在这一时期进入新阶段，得到清政府的推动。当中国领事馆建立时，后者尝试通过文化活动和华文学校来促进散居华人的中国意识。例如，1881 年抵任的第二位驻新加坡领事左秉隆，通过文艺社团会贤社来推动华人对华文经典的兴趣。他还鼓励富商设立华文学校。④ 除了已有的会馆和华校，促进民族主义的第三个途径是报纸的发行。

华人群体以侨报或华侨杂志的形式让移民和家乡保持着情感上的联系。通过

---

① Edgar Wickberg, "Overseas Chinese Adaptive Organizations, Past and Present"; Liu Hong and Gregor Benton, "The *Qiaopi* Trade and Its role in Modern China and the Chinese Diaspora: Toward an Alternative Explanation of 'Transnational Capitalism'", *Journal of Asian Studies*, 2016, 75 (3), pp. 575–594.

② Ching-hwang Yen, *The Role of the Overseas Chinese in the* 1911 *Revolution*, p. 7.

③ Dan Shao, "Chinese by definition: Nationality law, Jus Sanguinis, and state succession, 1909–1980", *Twentieth-Century China*, 2009, 35 (1), p. 9.

④ Ching-hwang Yen, *The role of the overseas Chinese in the* 1911 *Revolution*, p. 8.

这些杂志，家乡极力让移民参与到其发展中，教育是其中一个重要方面。然而，这一时期侨刊大多鼓励移民忠诚故乡，而不是建立更广大的"想象共同体"①。除了侨刊，革命报纸、书籍和期刊也在东京、上海、香港和新加坡发行，流传于同盟会当地支部和附属组织中。为向文盲群众传播，革命党利用会讯发布带有革命内容的漫画，设立"阅读俱乐部"（书报社）。书报社最初于1908—1911年在新加坡和马来亚成立，后来遍布东南亚和北美。此外，这一时期也设立了"剧社"②。

在本地民族主义和排华主义（anti-Sinicism）日益高涨的背景下，就作为群体认同和差异的散居意涵而言，这一时期认同于孔飞力（Kuhn）指出的基于方言、亲缘和乡土的"原生社群"（primary community），和认同于基于超方言、超亲缘和泛华人原则的"次生社群"（secondary community），两者之间存在着一种紧张关系。③ 中国在这一过程中扮演了重要角色，文化和政治认同成为一个中心的问题。新一波中国移民的到来，尤其是女性移民获准进入，使出生在中国的"纯"华人构成的传统华人社群得以扩大。华人与像峇峇一样的中间商社群，两者都因而面临着认同选择：他们可以保留其明显的认同，进一步融入当地社会，或追求"再华化"（re-Sinification）。后者意味着采用华人语言和习俗，尽可能认同华人社群的社会和政治利益，这是一种有时被当地社群领袖而不是中国政府所驱动的选择。④ 在这里，多样性以华人社群成员所选择的认同形式而显现出来，而其中方言和亲缘差异与泛华人民族主义并存。

因维新派和革命党与清政府争取散居华人的支持，认同选择变得复杂化。1900 —1911年，孙中山领导的革命党、康有为之下的维新派，还有清政府，都在寻求东南亚及其他地方的散居华人来支持其事业。随着清政府未能在北美、新西兰和澳大利亚移居社会的排华法令中保护华侨，革命党利用了海外华人社群的反满情绪。⑤ "华侨"一词再次被用来团结散居华人和赢得人心。东南亚华人在

---

① Madeleine Y. Hsu, "Migration and Native Place: *Qiaokan* and the Imagined Community of Taishan County, Guangdong, 1893 – 1993", *Journal of Asian Studies*, 2000, 59（2），pp. 307 – 331; Liu Hong and Gregor Benton, "The *Qiaopi* Trade and Its Role in Modern China and the Chinese Diaspora: Toward an Alternative Explanation of 'Transnational Capitalism'", pp. 575 – 594.

② Ching-hwang Yen, *The Role of the Overseas Chinese in the 1911 revolution*, pp. 16, 18 – 19.

③ Philip Kuhn, *Chinese among others: Emigration in modern times*, pp. 170 – 171.

④ Adam McKeown, "Conceptualizing Chinese Diasporas, 1842 to 1949", pp. 306 – 337.

⑤ Ching-hwang Yen, *The Role of the Overseas Chinese in the 1911 Revolution*, p. 8.

孙中山的努力中扮演了重要角色。新加坡的同盟会支部建立于 1906 年，1908 年成为同盟会南洋总部，但是因获得的支持有限，孙中山于 1909 年把总部搬去槟城。① 即便如此，新加坡和马来亚华侨的绝大多数并不支持革命党。② 1909 年，中国宣布基于血统主义（jus sanguinis）即血统权利的"1909 年国籍法"（《大清国籍条例》）。在这一法令下，所有由中国父母所生的人都具有中国国籍。

东南亚华人对中国的认同在 20 世纪 30 年代期间最强。1911 年辛亥革命因袁世凯复辟帝制的企图而受挫，北京北洋政府和在广州的孙中山国民党争夺正统，国家因军阀派系而四分五裂。1927 年全国表面上统一后，尤其是在 30 年代日本占领中国后，海外华人社群选择了"再华化"：他们日益认同作为民族国家的中国，而不仅把中国视作他们的家乡，并大量汇款到中国。③ 新加坡在抗日战争时期兴起的"南洋华人民族主义"中扮演了重要角色。它是全球华人最大的救济基金组织"南洋华侨筹赈祖国难民总会"所在地，该会筹募了大约 2 亿元（中华民国时期的货币）资金，还组织派出义勇队、机工和劳工支持中国的抗日事业。④

总之，散居的三个意涵交错于这一时期对"中国"的政治和文化认同问题中。领事制度的出现和互相竞争的政治力量尽力在华人社群中活动，影响了群体认同的机制化（institutionalization）。多样性反映了认同程度的问题，因为来自中国的新移民的涌入改变了原有的中间商社群，后者失去了其社会经济优势。最后，中国政府这一时期积极宣称散居者是其国民，并做出努力来获得其经济、政治和文化的支持。

---

① Gungwu Wang, *Community and Nation*: *Essays on Southeast Asia and the Chinese*, p. 133.

② Prasenjit Duara, "Nationalists among Transnationals: Overseas Chinese and the Idea of China, 1900 – 1911". In Aihwa Ong and Donald M. Nonini eds., *Ungrounded empires*: *The cultural Politics of Modern Chinese Transnationalism*, Routledge, 1997, pp. 3 – 33; Ching-hwang Yen, *The role of the Overseas Chinese in the 1911 revolution*, pp. 13 – 14.

③ Madeleine Y. Hsu, "Migration and Native Place: *Qiaokan* and the Imagined Community of Taishan County, Guangdong, 1893 – 1993", pp. 307 – 331; John R. Clammer, Overseas Chinese Assimilation and Resinification: A Malaysian Case Study, *Southeast Asian Journal of Social Science*, 1975, 3（2）, p. 13; Gregor Benton and Liu Hong, *Dear China*: *Emigrant Letters and Remittances*, *1820 –1980*, University of California Press, 2018.

④ Ernest Koh, *Diaspora at War*: *The Chinese of Singapore between empire and nation*, *1937 – 1945*, Brill, 2013, p. 1.

五、1949 年后的非殖民化、冷战和再移民

随着东南亚的非殖民化和民族国家的兴起，支持华人群体认同的华社三大"支柱"（社团、学校和报纸）的政策在一些国家被取消，在另外一些国家则保留了下来。东南亚各国推行不同程度的同化政策，这取决于许多因素，例如社群的相对规模和政治制度的性质。印度尼西亚、菲律宾和泰国实施强力的同化政策，社群组织被解散，学校关闭。即便泰国从未被西方殖民，但文化同化政策例如"泰化"华人学校、政治压迫和经济民族主义政策，在 20 世纪早期就已实施。[①]马来西亚和文莱，由于这两个国家华人社群占总人口的比例很大，故而实行不太激烈的政策，允许保留群体认同。例如，在马来西亚，华文中学继续存在，但是要接受政府的管制。[②] 尽管这一时期民族同化政策的重要性挑战散居概念的使用，而更愿用"华族"（ethnic Chinese），但散居这一概念对该时期仍至关重要，因为它是一个统一的散居华人的概念，认为散居华人更多忠于中国而不是当地社会，在这一意义上这个问题强烈影响了这些政策。在 1945 年之后的新加坡，华人社会则经历了进一步的变化，从中国导向逐渐转而强调作为东南亚区域华人移民的关键枢纽，并建立民族国家导向的身份认同。[③]

文化同化通常与指向让土著企业家受益的经济政策联结在一起。例如，在印尼，堡垒（*benteng*）制度把一些货物的进口权只限于土著企业家，20 世纪 50 年代开始实行。1959 年，华裔还被阻止从事城市之外的零售贸易。在菲律宾，菲律宾人优先政策（1948—1972 年）导致了数个行业的国有化；马来西亚实施其新经济政策（New Economic Policy，1970—1990 年）以增加马来人在经济活动的份额。华人散居者在有关与中国文化和政治认同上的差异，因而在这一时期加剧。

中国 1909 年的国籍法宣称所有海外的华人都是中国国民，而 1929 年的法令继续了这一血统主义原则。随着殖民当局大多采用 *jus soli*，即出生地原则作为国

---

① William Skinner, *Chinese Society in Thailand: An Analytical History*.

② Leo Suryadinata, "Ethnic Chinese in Southeast Asia: Overseas Chinese, Chinese Overseas or Southeast Asians?". In Leo Suryadinate ed., *Ethnic Chinese as Southeast Asians*, Institute of Southeast Asian Studies, 1997, pp. 11 – 13.

③ Liu Hong and Zhang Huimei, "Singapore as a Nexus of Migration corridors: The *Qiaopi* System and Diasporic Heritage", *Asian and Pacific Migration Journal*, 2020, 29（2）, pp. 207 – 226.

籍的基础，带来的事实双重国籍成为非殖民化时期的一个障碍。① 为了回应这一情形，1955 年中国和印尼之间的《关于双重国籍问题的条约》终止了这一歧义。海外中国国民被要求选择国籍，并通常被鼓励拿当地国籍。想返回中国的华侨，与选择当地国家国籍的华人区别开来。② 尽管条约未能很好实施，但中国与东南亚华人族裔的疏远在 20 世纪 60—70 年代一直持续。

1949—1961 年，由于东南亚国家的反华运动，大约 50 万华人回到中国。③ 1965 年和 1966 年，印尼政变后接踵而来的反华清洗也把目标对准华裔，致使更多华人回到中国。"归国华侨"（归侨）被给予不同于普通人的法律地位，许多人被安置在华侨农场、特别的农村和学校，导致一种"独特形式的族群性"④。随着"阶级斗争"的激化，归侨的海外关系被看成一种问题；他们在 60 年代初期被贴上了剥削阶级成员的标签。⑤ 在"文化大革命"期间，对待华侨的政策中断，华侨亲属则因"资本家"关系而受到迫害。⑥

六、1978 年后中国的改革开放和新移民

散居者为抱有归国想法的社群，虽然这自开始改革以来变得越来越不实际，但随着全球范围中国各地"新移民"的到来，群体认同问题得到了新的发展。随着北美、欧洲、澳大利亚和新西兰的移民自由化法令的实施，这些地方成为主要的移民目的国，但仍有移民选择前往东南亚。这些分布于世界各地的华人新移民，估计在 2019 年已达到 1 070 万，包括毕业后留在海外的学生和专业人士，还有连锁移民和非正规移民。⑦ 与老一代移民明显不同的是，这些"新移民"大多

① Paul Kratoska, "Nationalism and Modernist Reform". In Nicholas Tarling ed., *The Cambridge History of Southeast Asia*, Vol. 2, *The Nineteenth and Twentieth Centuries*, Cambridge University Press, 1993, pp. 249 – 324.

② Zhou Taomo, *Migration in the Time of Revolution: China, Indonesia, and the Cold War*, Cornell University Press, 2019.

③ Stephen Fitzgerald, *China and the Overseas Chinese: A Study of Peking's Changing Policy, 1949 – 1970*, Cambridge University Press, 1972.

④ Caleb Ford, "*Guiqiao* (Returned Overseas Chinese) Identity in the PRC", *Journal of Chinese Overseas*, 2014 (10), pp. 240.

⑤ Shelly Chan, "The Disobedient Diaspora: Overseas Students in Mao's China, 1958 – 66", *Journal of Chinese Overseas*, 2014, 10 (2), pp. 220 –238.

⑥ Stephen Fitzgerald, *China and the Overseas Chinese: A Study of Peking's Changing Policy, 1949 – 1970*.

⑦ International Organization for Migration (IOM), *The World Migration Report 2020*, https://publications. iom. int/system/files/pdf/wmr_ 2020. pdf, 2019, p. 3；刘宏：《跨界亚洲的理念与实践：中国模式、华人网络、国际关系》，南京大学出版社，2013 年。

为受过高等教育、拥有跨国网络的中国国民。

在东南亚，由于陆路联结日益加强和来自中国投资的增加，大陆东南亚涌入了大量中国新移民。在 20 世纪 90 年代初，受到亚洲开发银行的支持，大湄公河次区域（GMS）国家柬埔寨、老挝、缅甸、泰国、越南和中国开展经济合作。水利工程和采矿吸引了新一波华人劳工移民的到来。历史上柬埔寨和老挝的华人社群很小①，新移民的到来使得华人社群的重要机构，例如学校、报纸和社群组织，在这些国家逐渐恢复和新建，中国公司和机构在其中起到了主要的推动作用。②

在海洋东南亚，来自中国的新移民数目比较而言要少些，但是，原有的华人社群也同样面临着来自大陆经济、政治和社会的影响。这刺激了新一波的"再华化"，即在中间社群，例如菲律宾的美索蒂斯和印尼的布拉纳干中，重新强调华人认同。除了祭拜华人祖先，华人仪式和节日在一些东南亚国家也被再次强调，虽然以当地的观点来看，这些是"纯"华人文化而非土生华人文化的炫示。③ 对此，20 世纪初期有一些相类似的例子，那时民族主义兴起和新移民的到来，让东南亚华人社群面对政治和文化认同的选择，被要求跨越基于方言、阶级和乡土的认同。然而，在 20 世纪后期，中国大陆资本已是这些选择背后的重要推动者。④尽管如此，相较于之前该认同受到压制的历史时期，这一时期当地对这一重新强调"华人"认同的支持，则意味着一个重要转变。

为适应新需要，自愿组织转型为跨国甚至全球组织。虽然其中一些组织的成员继续以亲缘和地域为基础，但它们已经在活动上更加开放，并以加强中国和散居华人之间的商业网络为导向。新型组织不断出现，例如专业或校友组织。这些

---

① Danielle Tan, "'Small is Beautiful': Lessons from Laos for the Study of the Chinese Overseas", *Journal of Current Chinese Affairs*, 2012, 41 (2), pp. 61 – 94.

② Pál Nyíri, "Investors, Managers, Brokers, and Culture Workers: How the 'New' Chinese are Changing the Meaning of Chineseness in Cambodia", *Cross-Currents: East Asian History and Culture Review*, 2012, 1 (2), pp. 369 – 397; Pál Nyíri and Danielle Tan eds., *Chinese encounters in Southeast Asia: How people, money, and ideas from China are changing a region*, University of Washington Press, 2016.

③ Caroline S. Hau, *The Chinese Question: Ethnicity, Nation, and Region in and Beyond the Philippines*, NUS Press, 2014; Liu Hong, "Opportunities and Anxieties for the Chinese Diaspora in Southeast Asia", *Current History: A Journal of Contemporary World Affairs*, 2016, 115 (784), pp. 312 – 318.

④ 感谢王赓武教授提请我们注意到这点。

组织定期开展大规模的活动，经常得到中国政府的支持。① 新移民也建立了他们自己的组织。因此，在最近这一时期，作为群体认同的散居，已成为新老社群关系以及中国大陆文化对原有社群重新影响的关键。②

家庭结构同样发生了巨大变化。对于一些新移民来说，教育已成为一项移民策略，子女被送入西方名牌大学。出现了新型的"太空人家庭"，家庭成员分布各大洲，穿梭往返，把事业和家庭聚合起来。③ 跨国主义与"灵活公民身份"（flexible citizenship）两个论述已密切相连，后者则源自策略考虑和"去领土化"（deterritorialized）形式的归属讨论。④ 这里，作为销蚀固定和静止边界的散居意涵显得极其明显，甚至因中国为吸引海外的高技能人才而设的人才移民政策而变得空间越来越大。在这一"时空伸展"中，该政策使得吸引海外华人与华人人才的跨国循环更加便利。⑤ 作为家乡联系的散居同样在互联网时代发生了转变，它允许"跨国移民"成为多重当地人，并"在全球化世界里管理和反映出其实际流动性"⑥。

尽管边界表面上在销蚀，然而中国还是在积极地影响着散居者。虽然中国在20世纪80年代初放松了移民限制，但1980年《国籍法》的颁布重申了1955年中国印尼条约中的"不承认双重国籍"这一原则。在改革开放的第一阶段（1978—1994年），中国大陆尤其重视寻求来自散居华人的投资，绝大多数投资来自东南亚地区的华人。⑦ 2000年以来，它聚焦于高新技术产业开发园的开发和

---

① Liu Hong, "Old Linkages, New Networks: The Globalization of Overseas Chinese Voluntary Associations and its Implications", *The China Quarterly*, 1998（155），pp. 582 – 609.

② 周敏、刘宏：《海外华人跨国主义实践的模式及其差异——基于美国和新加坡的比较分析》，《华侨华人历史研究》2013年第1期，第1 – 19页。

③ Johanna Waters, "Transnational Family Strategies and Education in the Contemporary Chinese Diaspora", *Global Networks*, 2005, 4（4），pp. 359 – 377.

④ Aihwa Ong and Donald Noninieds., *Ungrounded Empires: The Cultural Politics of Modern Chinese transnationalism*, Routledge, 1997; Aihwa Ong, *Flexible Citizenship: The Cultural Logics of Transnationality*, Duke University Press, 1999.

⑤ Maggi W. H. Leung, "Engaging a temporal-Spatial stretch: An Inquiry into the Role of the State in Cultivating and Claiming the Chinese Knowledge Diaspora", *Geoforum*, 2015（59），pp. 187 – 196；任娜、刘宏：《归国华人科技企业家的"跨国文化资本"：构成与作用》，《华侨华人历史研究》2019年第4期。

⑥ Manying Ip and Hang Yin, "Cyber China and Evolving Transnational Identities: The Case of New Zealand", In Wanning Sun and John Sinclair eds., *Media and Communication in the Chinese Diaspora: Rethinking Transnationalism*, Routledge, 2016, p. 166.

⑦ Alan Smart and Jinn-Yuh Hsu, "The Chinese Diaspora, Foreign Investment and Economic Development in China", *The Review of International Affairs*, 2004, 3（4），pp. 544 – 566.

知识密集型发展模式，高技能华人成为政策的焦点。因此，在通过完善的散居者政策制度和机制来规范流动模式方面，中国将继续扮演重大角色。[1] 我们也应当注意到，在这一过程中，除了作为"新移民"的来源国，中国正在成为一个外国移民移入国。[2]

随着中国崛起为世界第二大经济体及实行更为自信的外交政策，散居华人的认同和内部分裂的老问题已再次浮出表面。一个崛起的中国将自我定义与散居者充满活力的关系，这是近代历史上的第一次。这已改变了邻近国家的华人社群，中国在那里的存在和影响力更为明显。因此，21 世纪之交的"再华化"主要由东南亚华人社群推动，以其作为巧妙回应中国崛起的一种策略。华人文化和民族自豪的复兴，以及中国的多重努力，在加快这一过程中扮演了意义重大的角色。[3]

七、结语

上文讨论的五个主要"时刻"的散居在三个意涵之间的紧张关系，不仅反映出散居华人变化着的特性和利益，而且也折射了中国/东南亚国家变化着的特性和利益。首先，群体认同，即使建立在一套稳定的组织原理上，也会随着中国和当地社会两者的变化而发生改变。随着大规模移民的到来，他们开办起乡土和其他组织，以及学校、报纸，在 19 世纪和 20 世纪之交，他们在政治和经济上高度认同中国，并得到来自中国的支持。在去殖民化和冷战期间，东南亚政府压制了华人的社群组织。70 年代后期中国改革开放以来，"再华化"的努力或对"华人性"的公开文化认同，反映出当地和中国对"华人性"理解之间的紧张关系。华人社群和家乡之间关系的变化，也明显表现于移民模式的转换，从愿意永久回到中国，如在早期和冷战时期归国者的例子，发展到复杂的再移民和暂时移民的模式。

其次，散居华人并不是简单和静止的实体，这在不同历史时期都清楚明了。商人、工匠和劳工构成殖民初期散居华人的主要部分。他们进而以方言、乡土、

---

[1] Liu Hong and Els van Dongen, "China's Diaspora Policies as a New Mode of Transnational Governance", *Journal of Contemporary China*, 2016, 25 (102), pp. 805 – 821.

[2] Li Wei and Yu Wan Yu, "Resurging Asia and Highly Skilled International Migration", *Verge: Studies in Global Asias*, 2015, 1 (1), pp. 50 – 55.

[3] 刘宏：《海外华人与崛起的中国：历史性、国家与国际关系》，《开放时代》2010 年第 8 期，第 79 – 93 页；Liu Hong, "Opportunities and Anxieties for the Chinese Diaspora in Southeast Asia", pp. 312 – 318.

姓氏的交错因素为基础将自己组织起来，尽管这一时期超方言组织已经出现。阶级区分同样重要，因为小商人和劳工使得已确立社会经济地位的中间商形象复杂化。特定的联系、网络和流动，显示了在上文讨论的对家乡的更大冲击之外，把散居理解为差异的重要性。20 世纪初中国政府积极动员东南亚华人社群，使得政治和文化认同的变化，以及当地和跨越当地认同之间的紧张关系成为这一时期的标志。伴随着去殖民化的进程，东南亚国家有关华人社群组织、华文学校和报纸的当地政策，进一步影响了当地华人对"中国"政治和文化认同的差异。中国改革开放以来，"新移民"来到东南亚国家，为作为差异的认同增加了另一层活力。最后，我们应当注意，移民途径、就业方式、来源地、移民动机、阶级背景及宗教多样性的不断变化，使得当地缺失"一个"散居华人的整体。

中国最先在 19 世纪后期积极联络其散居者，20 世纪初期达到高峰。而更近则受到"一带一路"倡议下区域基础设施项目的推动，该倡议于 2013 年末发起，目的是要在经济上和战略上把中国与沿着（陆地）海上丝绸之路和中亚的邻近国家连接起来。在中国崛起背景下，新老华人社群和重续的中国与东南亚的联系之间的活力互动，将带来何种长期的影响，仍然有待观察。① 总之，最新的散居"时刻"，仍在进行中。

The Changing Meanings of Diaspora: The Chinese in Southeast Asia

Els van Dongen　Liu Hong

Abstract: Dispersed over all corners of the earth, the Chinese diaspora is among the largest in the world. Due to geographical proximity and trading ties, the Chinese diaspora has a long history in Southeast Asia, which was the main destination of emigrants from the Southern Chinese provinces of Fujian and Guangdong until the 1950s. From then onwards, remigration from Southeast Asia, Hong Kong and Taiwan to

---

① 刘宏、张慧梅、范昕：《东南亚跨界华商组织与"一带一路"战略的建构和实施》，《南洋问题研究》2016 年第 4 期，第 1 – 10 页。

North America, Australia, and Europe led to a more geographically diverse Chinese diasporic landscape. Following the start of economic reforms in the People's Republic of China (PRC) in the late 1970s, places of origin of Chinese emigrants also became more varied as the latter departed from everywhere in China. Even though the Chinese diaspora is unique in many ways, it can also illustrate some of the broader concerns and changing contexts pertaining to the Asian diaspora. These include questions of identity and homeland ties; the various factors that contribute to divisions within diasporas; the attempts of governments to incorporate diasporas; and the changing relationship between states and diasporas in different historical periods and geo-political contexts. Guided by such an understanding, this paper provides an historical overview and theoretical framework of the Chinese diaspora in Southeast Asia in the context of changing meanings of diaspora (identity, difference, and homeland linkages) from the beginning of Chinese settlement in the region to the present.

Key Words: Chinese diaspora, identity, homeland linkages, China, Southeast Asia, North America

参考文献

［1］ Ien Ang, "Together-in-difference: Beyond diaspora, into Hybridity", *Asian Studies Review*, 2003, 27 (2).

［2］ Elena Barabantseva, *Overseas Chinese, Ethnic Minorities and Nationalism: De-centering China*, Routledge, 2011.

［3］ Gregor Benton and Liu Hong, *Dear China: Emigrant Letters and remittances, 1820 – 1980*, University of California Press, 2018.

［4］ Rogers Brubaker, "The 'Diaspora' Diaspora", *Ethnic and Racial Studies*, 2005, 28 (1).

［5］ Shelly Chan, "The Disobedient Diaspora: Overseas Students in Mao's China, 1958 –66", *Journal of Chinese Overseas*, 2014, 10 (2).

［6］ Shelly Chan, "The Case for Diaspora: A Temporal Approach to the Chinese Experience", *Journal of Asian Studies*, 2015, 74 (1).

［7］ James K. Chin, "Junk Trade, Business Networks, and Sojourning Communities:

Hokkien Merchants in Early Maritime Asia", *Journal of Chinese Overseas*, 2010（6）.

［8］John R. Clammer, "Overseas Chinese Assimilation and Resinification: A Malaysian Case Study", *Southeast Asian Journal of Social Science*, 1975, 3（2）.

［9］Robin Cohen, *Global Diasporas: An Introduction*, University of Washington Press, 1997.

［10］Charles Coppel , "The Chinese Overseas: The Particular and the General", *Journal of Chinese Overseas*, 2012（8）.

［11］Lawrence W Crissman, "The Segmentary Structure of Urban Overseas Chinese Communities", *Man*, 1976, 2（2）.

［12］Philip D. Curtin, *Cross-Cultural Trade in World History*, Cambridge University Press, 1984.

［13］Prasenjit Duara, "Nationalists Among Transnationals: Overseas Chinese and the Idea of China, 1900 – 1911". In Aihwa Ong and Donald M. Nonini eds. , *Ungrounded Empires: The Cultural Politics of Modern Chinese Transnationalism*, 3 – 33, Routledge.

［14］Stephen Fitzgerald, *China and the Overseas Chinese: A Study of Peking's Changing Policy, 1949 – 1970*, Cambridge University Press, 1972.

［15］Ford, Caleb, "*Guiqiao*（Returned Overseas Chinese）Identity in the PRC", *Journal of Chinese Overseas*, 2014（10）.

［16］Caroline S. Hau, *The Chinese Question: Ethnicity, Nation, and Region in and Beyond the Philippines*, NUS Press, 2014.

［17］Elaine Lynn-Ee Ho, Maureen Hickey and Brenda S. A. Yeoh, "Special Issue Introduction: New Research Directions and Critical Perspectives on Diaspora Strategies", *Geoforum*, 2015（59）.

［18］Dirk Hoerder, *Migration and Belongings: 1870 – 1945*, The Belknap Press of Harvard University Press, 2012.

［19］Madeleine Y. Hsu, "Migration and Native Place: *Qiaokan* and the Imagined Community of Taishan County, Guangdong, 1893 – 1993", *Journal of Asian Studies*, 2000, 59（2）.

［20］Manying Ip, and Hang Yin, "Cyber China and Evolving Transnational

Identities: The Case of New Zealand". In Wanning Sun and John Sinclair eds. , *Media and Communication in the Chinese Diaspora: Rethinking Transnationalism*, Routledge, 2016.

[21] International Organization for Migration (IOM), *The World Migration Report* 2020, https://publications. iom. int/system/files/pdf/wmr_2020. pdf, 2019.

[22] Amarjit Kaur, "Migrant Labor and Welfare in Southeast Asia". In Norman G. Owen ed. , *Routledge Handbook of Southeast Asian History*, Routledge, 2014.

[23] Ernest Koh, *Diaspora at War: The Chinese of Singapore between Empire and Nation, 1937 – 1945*, Brill, 2013.

[24] Paul Kratoska, "Nationalism and Modernist Reform". In Nicholas Tarling ed. , *The Cambridge History of Southeast Asia*, Vol. 2, *The Nineteenth and Twentieth Centuries*, Cambridge University Press, 1993.

[25] Joshua Eng Sin Kueh, *The Manila Chinese: Community, Trade, and Empire, c. 1570 – c. 1770.* Ph. D. Dissertation, Georgetown University, 2014.

[26] Philip Kuhn, "Towards a Historical Ecology of Chinese Migration", Conference paper for "Chinese and Southeast Asia", UCLA, 2001, Reprinted in Hong Liu ed, *The Chinese Overseas*, Vol. 1, Routledge, 2006.

[27] Philip Kuhn, *Chinese among Others: Emigration in Modern Times*, Rowman and Littlefield, 2008.

[28] Hui Kian Kwee. , "Chinese Economic Predominance in Southeast Asia: A Long-term Perspective". In Norman G. Owen ed. , *Routledge Handbook of Southeast Asian History*, Routledge, 2014.

[29] Anh Sy Huy Le, "The Studies of Chinese Diasporas in Colonial Southeast Asia: Theories, Concepts, and Histories", *China and Asia* , 2019, 1 (2) .

[30] Jessieca Leo, *Global Hakka: Hakka Identity in the Remaking*, Brill, 2015.

[31] Maggi W. H. Leung, "Engaging a Temporal-Spatial Stretch: An Inquiry into the Role of the State in Cultivating and Claiming the Chinese Knowledge Diaspora", *Geoforum*, 2015 (59) .

[32] Li Wei and Wan Yu, "Resurging Asia and Highly Skilled International

Migration", *Verge: Studies in Global Asias*, 2015, 1（1）.

[33] Liu Hong, "Old Linkages, New Networks: The Globalization of Overseas Chinese Voluntary Associations and Its Implications", *The China Quarterly*, 1998（155）.

[34] Liu Hong, "Introduction: Toward a Multi-dimensional Exploration of the Chinese Overseas". In Liu Hong ed. , *The Chinese Overseas*, Vol. 1, Routledge, 2006.

[35] Liu Hong, *China and the Shaping of Indonesia, 1949 – 1965*, National University of Singapore Press and Kyoto University Press, 2011.

[36] Liu Hong, "Opportunities and Anxieties for the Chinese Diaspora in Southeast Asia", *Current History: A Journal of Contemporary World Affairs*, 2016, 115（784）.

[37] Liu Hong and Els van Dongen, "The Chinese Diaspora". In Tim Wright（ed. ）, *Oxford Bibliographies in Chinese Studies* Oxford University Press, 2013.

[38] Liu Hong and Els van Dongen, "China's Diaspora Policies as a New Mode of Transnational Governance", *Journal of Contemporary China*, 2016, 25（102）.

[39] Liu Hong and Gregor Benton, "The *Qiaopi* Trade and Its role in Modern China and the Chinese Diaspora: Toward an Alternative Explanation of 'Transnational Capitalism", *Journal of Asian Studies*, 2016, 75（3）.

[40] Liu Hong and Zhang Huimei, "Singapore as a Nexus of Migration Corridors: The *Qiaopi* System and Diasporic Heritage", *Asian and Pacific Migration Journal*, 2020, 29（2）.

[41] Adam McKeown, "Conceptualizing Chinese Diasporas, 1842 to 1949", *Journal of Asian Studies*, 1999, 58（2）.

[42] Adam McKeown, "Chinese Emigration in Global Context, 1850 – 1940", *Journal of Global History*, 2010（5）.

[43] Adam McKeown, "The Social Life of Chinese Labor". In Eric Tagliacozzo and Wen-chin Chang eds. , *Chinese Circulations: Capital, Commodities, and Networks in Southeast Asia*, Duke University Press, 2011.

[44] Pál Nyíri, "Investors, Managers, Brokers, and Culture Workers: How the 'New' Chinese Are Changing the Meaning of Chineseness in Cambodia", *Cross-Currents: East Asian History and Culture Review*, 2012, 1（2）.

［45］ Pál Nyíri and Danielle Tan eds. , *Chinese Encounters in Southeast Asia*: *How People*, *Money*, *and Ideas from China are Changing a Region*, University of Washington Press, 2016.

［46］ Aihwa Ong and Donald Nonini eds. , *Ungrounded Empires*: *The Cultural Politics of Modern Chinese Transnationalism*, Routledge, 1997.

［47］ Aihwa Ong, *Flexible Citizenship*: *The Cultural Logics of Transnationality*, Duke University Press, 1999.

［48］ Victor Purcell, *The Chinese in Southeast Asia*, Oxford University Press, 1951.

［49］ William Safran, "Diasporas in Modern Societies: Myths of Homeland and Return", *Diaspora*: *A Journal of Transnational Studies* , 1991, 1 (1) .

［50］ Shao Dan, "Chinese by Definition: Nationality Law, Jus Sanguinis, and State Succession, 1909 – 1980", *Twentieth-Century China*, 2009, 35 (1) .

［51］ Elizabeth Sinn, *Pacific Crossing*: *California Gold*, *Chinese Migration*, *and the Making of Hong Kong*, Hong Kong University Press, 2013.

［52］ William Skinner, *Chinese Society in Thailand*: *An Analytical History*, Cornell University Press, 1957.

［53］ William Skinner, "Creolised Chinese Societies in Southeast Asia" . In Anthony Reid ed. , *Sojourners and Settlers*: *Histories of Southeast Asia and the Chinese*, Allen & Unwin, 1996.

［54］ Alan Smart and Jinn-Yuh Hsu, "The Chinese Diaspora, Foreign Investment and Economic Development in China", *The Review of International Affairs*, 2004, 3 (4) .

［55］ Leo Suryadinata, "Ethnic Chinese in Southeast Asia: Overseas Chinese, Chinese Overseas or Southeast Asians?" . In Leo Suryadinata ed. , *Ethnic Chinese as Southeast Asians*, Institute of Southeast Asian Studies, 1997.

［56］ Leo Suryadinata, *Understanding the Ethnic Chinese in Southeast Asia*, ISEAS, 2007.

［57］ Danielle Tan, "Small is Beautiful": Lessons from Laos for the Study of the Chinese Overseas", *Journal of Current Chinese Affairs*, 2012, 41 (2) .

［58］ Carl A. Trocki. , "A Drug on the Market: Opium and the Chinese in

Southeast Asia, 1750 – 1880", *Journal of the Chinese Overseas*, 2005, 1（2）.

［59］Geoff Wade, "General Introduction". In Geoff Wade ed., *China and Southeast Asia*, Vol. 1, Routledge, 2009.

［60］Gungwu Wang, *A Short History of the Nanyang Chinese*, Eastern Universities Press, 1959.

［61］Gungwu Wang, *Community and Nation: Essays on Southeast Asia and the Chinese*, Heinemann Educational Books, 1981.

［62］Gungwu Wang, "The Study of Chinese Identities in Southeast Asia". In Jennifer Wayne Cushman and Gungwu Wang eds., *Changing Identities of the Southeast Asian Chinese Since World War II*, Hong Kong University Press, 1988.

［63］Gungwu Wang, "Patterns of Chinese Migration in Historical Perspective", In Gungwu Wang ed., *China and the Chinese Overseas*, Times Academic Press, 1991.

［64］Gungwu Wang, "The Problems with（Chinese）Diaspora: An Interview with Wang Gungwu". In Gregor Benton and Liu Hong eds., *Diasporic Chinese Ventures: The Life and Work of Wang Gungwu*, Routledge, 2004.

［65］Gungwu Wang, "Extracts from The Nanhai Trade". In Geoff Wade ed., *China and Southeast Asia*, Routledge, 2009.

［66］Johanna Waters, "Transnational Family Strategies and Education in the Contemporary Chinese Diaspora", *Global Networks*, 2005, 4（4）.

［67］Edgar Wickberg, "Overseas Chinese Adaptive Organizations, Past and Present". In Ronald Skeldon ed., *Reluctant Exiles: Migration from Hong Kong and the New Overseas Chinese*, M. E. Sharpe, 1994.

［68］Biao Xiang, Brenda S. A. Yeoh and Mika Toyota eds., *Return: Nationalizing Transnational Mobility in Asia*, Duke University Press, 2013.

［69］Ching-hwang Yen, *The Role of the Overseas Chinese in the 1911 Revolution*, Chopmen Enterprises, 1978.

［70］Ching-hwang Yen, "Chinese Coolie Emigration, 1845 – 74". In Chee-Beng Tan ed., *Routledge Handbook of the Chinese Diaspora*, Routledge, 2013.

［71］Zhou Taomo, *Migration in the Time of Revolution: China, Indonesia, and the Cold War*, Cornell University Press, 2019.

［72］刘宏：《海外华人与崛起的中国：历史性、国家与国际关系》，《开放时代》2010 年第 8 期。

［73］刘宏：《跨界亚洲的理念与实践：中国模式、华人网络、国际关系》，南京大学出版社，2013.

［74］刘宏、张慧梅、范昕：《东南亚跨界华商组织与"一带一路"战略的建构和实施》，《南洋问题研究》2016 年第 4 期。

［75］任娜、刘宏：《归国华人科技企业家的"跨国文化资本"：构成与作用》，《华侨华人历史研究》2019 年第 4 期。

［76］周敏、刘宏：《海外华人跨国主义实践的模式及其差异——基于美国和新加坡的比较分析》，《华侨华人历史研究》2013 年第 1 期。

评《缅甸华人寺庙与民间信仰》

余丹丹[*]

书籍信息：［缅］杜温：《缅甸华人寺庙与民间信仰》，中国社会科学出版社，2021 年，230 页。ISBN：978 - 7 -5203 - 8257 - 1。

长期以来，国内外学界关于新马华侨华人的研究成果较多，也较成熟，相对而言，缅甸华侨华人研究的著述较少。近几年，随着"一带一路"沿线华侨华人史的研究发展，国内出版了《缅甸华侨史》《缅甸华侨华人史》等专著。目前缅甸华侨华人研究整体还是更关注中缅外交和中缅经济策略研究分析。而关于缅甸华人宗教的相关研究很少见，尚未见专业华文著述。杜温所著《缅甸华人寺庙与民间信仰》一书便很好地弥补了这一学术空白。杜温是缅甸籍学者，该著应该是首部缅甸学者对该国华人民间信仰研究的华文专著。同时，缅甸宗教信仰的研究也具有重要的现实意义，即帮助我们理解宗教信仰的冲突在何种情况下会导致一国内部的宗教纷争、族群冲突等。根据缅甸 2014 年人口普查的信仰状况显示，缅甸超过 99% 的人口都有宗教信仰，其中佛教徒占 87.9%。[②] 在全民都有宗教信仰的前提下，宗教信仰对于族群融入非常重要。缅甸华人的信仰关乎华人融入当地社会的难易程度，更折射出缅甸华人作为一个群体与当地社会的互动以及华人群体的内部互动。

缅甸是东南亚第二大国家，也是中国沿海地区特别是闽粤地区"下南洋"

* 作者简介：余丹丹，暨南大学国际关系学院/华侨华人研究院在读博士（Email：353027663 @ qq. com）。研究方向：华侨华人研究、跨国主义研究。

② 《数据显示：缅甸佛教信仰比例达到 90%》，缅华网，https：//www. mhwmm. com/minsu/17303. html，2021 年 6 月 27 日。

的主要目的地之一。当时广东有句话叫"卖猪仔到南洋"，缅甸就是其中一个重要目的地。当时缅甸华人的移民路线有水路和陆路两种，福建和广东华人祖先因沿海的地域优势一般是坐船进入，而云南华人祖先通常是翻山而进。以仰光为中心的下缅甸地区以福建人和广东人为主，以曼德勒为中心的上缅甸地区以云南人为主。作者杜温选择了曼德勒、仰光和丹老作为代表性的田野考察范围，这些地方正是缅甸华侨华人的聚居中心。在华人祖先移民的过程中，他们携带着原乡神明的香火袋，上面写着家乡的神明名号，如"观音菩萨""保生大帝""清水祖师"等。当初他们的目的只是希望家乡的神明能保佑他们在异国他乡平安顺遂，于是，华人原乡的神明伴随着移民的步伐，在缅甸安家落户，当地出现了许多华人修建的寺庙。这即是杜温的研究对象。

一、内容简介

本书共分九章。作者依照内容将本书分为上、中、下三部分。上篇包括第一章、第二章和第三章。第一章是对民间信仰的定义及相关文献的回顾。第二章作者回顾了缅甸华人从"移民"到"移神"的历史、民间信仰的传播途径以及华人信仰的神祇和类型。这两章作者主要考察缅甸华人信仰的相关历史及知识背景。第三章作者使用了历史民族志的研究方法，实地考察了华人寺庙的历史演变，详细地记录下不同时期华人庙宇的变化和特点。作者在描述庙宇时非常详尽，包括庙宇的历史、建筑设计、雕刻和绘画等。作者将这些庙宇的文字描述及其田野调查所拍摄的图片相结合，综合运用图像学的方法，向读者形象地展示了缅甸华人寺庙所承载的华人传统文化意象。

中篇包括第四章、第五章和第六章。该篇主要研究缅甸华人寺庙的功能、仪式及影响。第四章主要研究缅甸华人寺庙的功能。寺庙的功能从最初的宗教场所逐渐演变扩大到承担凝聚和整合社群，慈善、教育和文化传承，国际交流及建立国内外神缘网络等功能。该章以寺庙为起点，却以社会为终点，没有局限于宗教信仰的领域，而是将更多笔墨着眼于通过宗教信仰折射出来的缅甸华人经济、教育和宗亲社团等，使华人信仰的研究落到华人生活的方方面面。但同时也在一定程度上失之于深刻，如第四章中描述寺庙作为宗教场所功能的一节，内容占比很少，仅描述了华人遇到难题时会到寺庙抽签卜卦问事、添油改运等。寺庙最初及最基本的功能应是其作为宗教场所的功能。早期华人在缅甸修建寺庙主要是为了祭祀家乡神明，以求平安顺遂。对寺庙的分析如果脱离其宗教性，会使后续世俗的分析脱离其生发的本源。第五章延续了第三章的历史民族志的研究方法，作者参与观察并记录了华人寺庙的仪式活动。可贵的是，作者采用比较分析法来研究不同时期缅甸华人庙宇的不同仪式，以及不同时期相同仪式的规模大小。第六章研究华人寺庙对缅华社会和当地社会的影响。作者通过研究庙宇里的碑刻、门柱上的对联与牌匾等历史记载，记录下缅甸华人先人的风骨遗貌，以及他们在中缅双重身份下的情感牵扯。

下篇包括第七章、第八章和第九章，这三章是作者近年来相关的研究论文。第七章以华人寺庙为中心，研究了华人寺庙所构建的连接缅甸、东南亚和中国的信任网络，如何保存和保留缅甸华人历史古刹，以及华人古庙的沿革与模式等问题。第八章研究了缅甸华人神明信仰在缅甸地区的传播，其中包括观音菩萨信仰、玄天上帝信仰和闽南神明信仰。值得一提的是，作者在研究甘白区华人信仰时从离散理论的视角分析了缅甸华裔族群的文化身份认同。离散视角的加入拓宽了本书关于缅甸华人信仰研究的范围。作者指出甘白地区的离散华裔已经不再简单地以血缘和地缘关系来界定文化身份，"而是以神的弟子重新构建神缘文化身份"。但神缘身份何以能取代血缘和地缘关系的文化身份，其发生的历史条件、其具体取代的表现和取代后所呈现的关系网络特点等问题，该书解释得还不够深入。

最后，本书讲述了华人为了适应当地的政策和环境，借用了当地民间信仰水神信乌八谷的名义来供奉朱府王爷。文中考究了朱府王爷下南洋再到仰光的历史进程，展现了当地华人既努力适应环境，又主动寻找条件来维持本民族信仰的创造性。海外华人也以宗教仪式为纽带，形成了华人既独立于缅甸当地信俗又能在华人内部相互联结的社会文化网络。

二、研究方法

在研究方法上，本书使用了历史民族志、比较分析法；在研究视角上采用了"民间视角"。在传统的华人社会研究中，学者们比较多关注华人社会的移民历史、政治经济史或华侨人物志，而对华侨华人的"民间"研究比较欠缺。本书作者得益于她的生活和研究背景，始终保持着对缅甸华人的民间关注。作者是缅甸人，曾就职于缅甸国家历史研究所，作为汉籍史料研究员整理过中国二十四史中有关缅甸的文史资料。2009 年，她参与《东南亚华裔词典》中缅甸部分的编写工作时，就做过缅甸华人庙宇的实地调研工作。这本书是作者在 2018 年度中国国家社科基金重大项目"中国民间信仰海外传播图谱与功能研究"的支持下，转换视角，2019 年再一次深入缅甸华人聚居地做田野调查的成果。作者始终保持着"自下而上看历史"的"民间视角"，根据多年的田野调查资料和亲身参与观察，以庙宇所承载的民间文化为出发点，考察了缅甸华人的信仰以及华人庙宇的社会功能，折射出缅甸华人不同时期在缅甸的社会经济状况。如作者所言，"作者重视民间信仰与百姓的日常生活以及社会活动的关系，不仅从华人精英，也从平民百姓的日常生活入手，观察信仰文化现象，了解最普通、最真实的缅甸华人文化传统"。

本书除了有翔实的田野调查资料外，还能与时俱进。如在第四章中讲到寺庙的社会功能时，其资料更新到了 2020 年新型冠状病毒肺炎期间庆福宫对武汉的捐献。这些资料的及时更新保证了该书的时效性，使得该书足以成为以后研究缅甸华人信仰的重要蓝本。

三、创新与不足

本书也提出了一些很有新意的见解。首先，作者特别关注华人宗教信仰的外交功能。这是在新时代的一个重要话题。缅甸处在"21 世纪海上丝绸之路"和"孟中印缅经济走廊"之中，占有极为重要的地理位置。缅甸与中国的宗教和文化交流深刻影响了两国的民间相交。在作者看来，华人庙宇的仪式和信俗不仅承载着华人的信仰，更具有文化外交性。民间神明是沟通中缅文化的使者，其文化外交功能表现在两个方面：其一是通过神明信仰的传播和变革，缩小缅甸华人与缅甸人的文化差异；其二是缅甸华人与他们的祖籍地的宗族始终通过神缘网络相互沟通，神缘网络充分发挥纽带和桥梁作用，积极推进其家乡与缅甸当地的经贸文化交流。增强中缅交流能消融偏见，包容差异。正如杜温在书中提出的颇具新意的观点："缅甸华人寺庙充分体现了'胞波'一词新时代的解读就是'中缅一家亲'。"作者对华人神缘网络的外交功能的关注和分析引发了我的进一步思考，诸如在新时代，华人的神缘网络如何继续沟通中外华人？神缘网络的建立有哪些条件？这个神缘网络有什么新的时代特性？其民间外交是否能够对中外华人的经济交流和政治交流起到积极的促进作用？

其次，作者给予缅甸华人离散族裔应有的关注。书中的"离散"华裔主要指 20 世纪 90 年代散居在中国台湾、美国等地的闽籍华裔。1989 年缅甸军政府执政以来，缅甸甘白地区闽籍华人生活困难，传统的种植蔬菜业难以为继，甘白地区一些缅籍华人通过亲属移民政策申请移民至中国台湾及美国等地。这些离散华裔因为独特的生活经历，其身份认同上更加多元和复杂。他们的祖籍地是中国福建，出生地及国籍是缅甸，长期生活地是中国台湾或者美国。他们的身份认同不再依靠传统的地缘。宗族散居各地，传统的血缘关系也因地域的分散而疏离。他们迫切需要新的身份认同来建构他们的社会网络。而神缘网络能够跨越国界，只要保持着同样的信仰和祭拜仪式，就归属于同一社会网络。得益于神缘社会网络，离散族裔重构了他们的身份认同。在传统华人研究中，离散华裔并未得到普遍关注。作者将离散华裔的研究内容纳入了海外华人研究的视野当中，是对海外华人研究的有益补充。实际上，1967 年的排华事件之后，有大量缅甸华人离开缅甸向外求生。在新的生活地，离散华裔如何建立他们的社会网络，除了地缘、血缘和神缘外，是否还存在别的社会网络建构方式，离散华裔是如何看待自己的文化身份的，这些话题都值得我们进一步关注和探讨。

当然，杜温作为非母语学者撰写的华人著作，多少会有一些瑕疵。如在中国的一些地方名称的使用上出现一些问题。书中第三章第二节中写道"福建人、广东人、潮州人、客家人"，实则广东人应包括潮州人及客家人。又如"广州肇庆惠州高州琼州等广东五邑华侨"的说法中，五邑应指的是广东江门下属的新会区、台山市、开平市、鹤山市和恩平市。还有前言中描述的本书结构中指出下篇含第七章和第八章，也与本文的实际结构共含九章有所出入。即便如此，本书仍是该课题研究的典范，是一本可贵的缅甸华人寺庙及信仰研究的学术专著，即使有些不足，却瑕不掩瑜。

总之，海外华人信仰伴随华人到海外求生的迁徙活动而在海外扎根。其信仰不仅是海外华人的精神锚地，更提供了华人在海外的文化圈子。拜同一个神祇，往往代表着来自同一个地域或者同一个宗族，死后也同葬于一地。华人的宗教信仰不仅贯穿了华人从古到今、从中国到海外，更贯穿了华人从生到死的过程，是研究海外华人的重要视角，保存着切实的华人海外生存踪迹。学者的研究不应止于案头纸上，而更应是充满人间烟火气的，用脚去丈量，用手去抚摸，用眼去感受。《缅甸华人寺庙与民间信仰》用图文向读者展示出了一幅缅甸华人信仰的传播与演变的历史长卷，还原了缅甸华人社会、政治、宗教和生活方面的人间烟火。

评史蒂文·B. 迈尔斯著《华人散居地：一部移民的全球史和社会史》

张倍瑜[*]

书籍信息：Steven B. Miles, *Chinese Diasporas*：*A Social History of Global Migration*, Cambridge University Press, 2020, pp. i + 278. $ 25.99 (paperback). ISBN：978 – 1 –3166 –318 –12.

一、概述与特色

这是一部关于中国人/华人五个世纪以来在全球范围内流动和移民的历史，是一部叙事宏大却又扎根移民日常生活的全球史和社会史著作。作者史蒂文·B. 迈尔斯现为美国华盛顿大学历史与全球研究中心教授、东亚研究中心院长。值得一提的是，迈尔斯并非华侨华人研究学者，而是专注于明清时期广州文人和精英阶层的城市史研究。作者是在研究中国城市人口的内部迁移和流动的过程中发现了粤籍商人在海外的散居地，从而构思了一项将中国各朝各代内部人口流动和海外移民融为一体的研究。同迈尔斯一样有着类似学术轨迹的还有著名汉学家孔飞力（Philip A. Kuhn）[②]，他们都是在中国史中发现了全球史，继而主张用联系的角度考察中国移民，将内部（internal）移民和外部（external）移民有机结合起来，用全球史视野解读历史上中国与外部的联系。在通篇的论述中，可以看到作者将内部移民和外部移民并置在特定历史语境中，通过对比分析法总结出两种移

---

* 作者简介：张倍瑜，暨南大学国际关系学院/华侨华人研究院在站博士后（Email：zhangbeiyu20102011@163.com）。

② Philip A. Kuhn, "Why China Historians Should Study the Chinese Diaspora, and Vice-versa", *Journal of Chinese Overseas*, 2006, 2 (2), pp. 163 – 172.

民模式的共同特性和差异性，进而引申出更深层的社会结构和政治原因，帮助我们更好地从宏观角度把握中国人/华人移民的核心。这种内外结合可以说是该书最重要的创新和特色。

该书的第二大特色是对时空观的把握和处理。首先，作者的论述跨越了16—21世纪，这显然是受启发于法国年鉴学派（Annales School）提出的长时段（longue durée）历史研究方法。作者描绘了一幅横跨五个世纪的移民图景，通过纵向对比帮助我们理解不同形式的社会组织和家庭模式是如何贯穿始终地维系着长时段的移民路径的。其次，作者的研究涵盖了全球范围内（包括中国内部）的地理空间，通过横向对比展现了移民在各个散居地（东南亚、北美、欧洲、非洲）的具体境遇。作者在处理如此复杂宏大的时空范围时，更多的是利用现有的学术研究成果加以分析和整合。在这一点上，作者体现了他较强的逻辑论证能力和非常渊博的知识储备。更值得赞扬的是，作者并非完全依赖现有研究成果，而是利用了许多民间的、非官方的史料，包括开篇的旅行手册、第一章和第二章的地方志和碑文，以及第五章的《牙买加华人年鉴》。这些资料大多为移民群体自己书写的故事和制造的记忆，为我们揭示了移民的日常生活和经验提供了有趣的视角。

二、内容回顾

该著作以时间为线索展开，在结构上非常清晰。开篇第一章描述了从16世纪至18世纪中期（明清时期）开始，中国内部和外部同时产生的贸易散居地（trade diasporas），包括山西晋商和徽州商人移民至明清经济中心扬州，福建闽南商人移民至中国台湾、菲律宾马尼拉、日本长崎、越南河内、荷属爪哇岛等地。贯穿于内部和外部移民路径的是以宗族、血缘、原乡地和宗教等社会组织以及其对移民社会的有机整合。除了以贸易和商业活动为驱动的移民模式之外，作者还关注到了明清政治动荡下产生的政治难民，这部分人大部分是明朝的拥护者，因为明政权败落而流亡海外，并以明朝后裔自称。明清时期中国内部以贸易为主的人口（晋商和徽商）流动，很大程度上促进了江南地区的经济文化发展。而闽南商人在东南亚形成了一个特定的有影响力的阶级，同样对当地社会的经济发展做出了贡献。第二章进入了移民的繁荣时代（晚清时期）。由于清帝国对边疆领土的进一步拓展，内部移民呈现出更加积极繁荣的态势：大量山东移民开始进入关外，山西移民迁入内蒙古和新疆，闽南移民进入台湾。这一时期的外部移民主要以华南劳工进一步深入东南亚未开垦的地域从事矿产和农田开发为特色。与海路移民平行相伴的另一条路径便是从云南进入缅甸的陆路移民，随着清朝廷加大对西南地区的控制，汉人开始涌入云南，并常常跨越边界，通过陆路移民到缅甸。虽然清政府对内部和外部的人口流动都施行了限制政策，但是依旧无法阻挡移民规模的扩大，迈尔斯认为其本质原因是从清朝开始中国经济愈发商业化，城市内部的消费需求增长，刺激了人们前往边境或海外开采原始资源，来满足中国日益庞大的消费市场。

第三章讲述了 20 世纪末开始的大规模移民时代。资本主义全球化和西方殖民主义的渗透给移民模式带来新的特征，即大量华工作为苦力/奴隶被输送至东南亚、美洲、欧洲和非洲。这一过程中还产生了服务于移民的新的介质，例如自贸港口和殖民地，以及移民中介、印刷业、慈善业。但是，迈尔斯认为要理解同时发生的大规模的内部移民潮，必须看到这段时期内上海和满洲的城市化和工业化。相比较前几章，作者在这部分论述中对内部移民着墨较少，很大一部分原因是因为这段历史时期见证了中国卷入资本主义全球化的过程，而外部移民作为其直接的结果，表现更加突出。因此我们也可以从中得出结论，内部移民和外部移民并非总是以同样的规模和发展程度进行着的，两者深受所处的历史语境和外部环境影响。

作者在第四章并未顺延时间顺序继续到下一个历史阶段，而是精心插入了一章专门关于中国政府与海外华人政治认同的讨论。这章围绕的是中国民族主义在华人散居地的传播和吸收。正是在与西方的对抗中，政府认识到要在散居华人中灌输现代民族国家的观念和民族认同。为适应这一历史潮流，现代化的华人学校和报纸相继出现，成为海外华人民族主义传播的主要场所。同时，传统的华人组织也发生了相应变化，以宗族、血缘和地缘为基础的会馆和帮会虽然继续存在着，但是其功能和影响力逐渐被跨越帮派、宗亲和语言隔阂的中华会馆等组织形式所削弱了。

第五章开始进入中国人/华人移民历史的分水岭——"二战"后。"二战"结束后至 20 世纪 60 年代，中国内部和外部国际格局都发生了剧变，国共内战、新中国成立、"文化大革命"、全球范围内的冷战以及居住地民族国家独立运动等因素交织在一起，扰乱了已成型的移民模式。此时，内部移民发展出了新的移民路径，包括1949年前后一部分大陆军官家属和平民追随国民党迁移台湾，一部分广东周边的难民涌入香港，社会主义时期汉人在国家主导下迁居内地，还有一大部分城市知识分子下放农村改造。从外部来看，海外华人与新中国的联系被迫中断后开始融入散居地并书写自己的族裔历史。一些东南亚国家的反华运动造成了难民潮，华人纷纷逃回中国或前往欧美国家定居，因而出现了归侨和二次移民的现象。第六章开始，作者讲述了80—90年代，新中国对外开放，经济发展，出现了"出国热"，加上欧美国家进一步放宽移民政策，大量"新移民"涌现，例如在意大利打工的温州人，在纽约打工的福州人，在巴黎制衣厂工作的下岗东北女工，在南非的国企员工和专业人士，等等。与外部移民同时发生的是中国内部因市场经济发展导致农村人口流入沿海城市或"下海"，出现了一批没有户口的"流动人口"。第七章作者将研究范围聚焦于当代中国经济发展下较为富裕的中上层阶级移民，包括留学生移民、技术移民和商业投资移民群体。这一新的移民模式促成了新型的有别于传统宗亲会馆的商业机构和组织，例如地产公司、社交媒体、留学移民中介、旅行社等。

三、观点讨论

迈尔斯将这部著作定位为一部关于全球华人散居地（Chinese Diasporas）的研究，正如标题所示。华人散居地这一概念是近年来国外学者在探讨华人移民与全球化时出现的一个高频率词汇。到目前为止，学界对这一概念仍未形成确切的界定，因为来自各个学科和领域的学者对"华人散居地"的意义和使用颇有争议，各持己见。对散居地（diaspora）一词的争议主要有三点。第一，"散居"一词根植于犹太族裔被迫迁移、流亡他乡的经历，这些并不适用于描述华人移民的历史和背景。第二，将几个世纪以来海外华人移民地统称为"华人散居地"这一做法忽视了"散"的异质性、差异性和多样性。第三，"华人散居地"不可避免地将华人性本质化（essentialism），易将某些特征归为华人性的本质，而忽视了华人身份因其独特的迁移和在地化历史而形成的混杂性和复杂性。其他概念，例如海外华人（Chinese overseas），虽然弥补了以上不足，但是用在分析移民现象时显得力所不及。迈尔斯认为一部关于中国移民的全球史应当包含内部（internal）和外部（external）移民，而"海外华人"指涉的是移居中国国土以外的华人移民和后裔，即外部移民，因此"海外华人"这一概念无法用于长时间段里发生在中国内部的、不同地区之间（例如明朝山西晋商移民江南地区从事盐业贸易）的移民现象。相比而言，作者认为"散居地"一词反而更加能概括外部移民与内部移民的共时性和历时性。

与迈尔斯一样，许多学者（Adam McKeown，Shelly Chan and Gungwu Wang）深谙"华人散居地"这一学术术语的不足，但并不否认它对具体问题的诠释功能。于是，他们对这一概念的内涵加以补充和拓展，使这一概念在学者自身的研究范畴内发挥分析和指涉功能。迈尔斯对"华人散居地"概念的修饰体现在以下几个方面。第一，用复数词 diasporas 取代单数，表明有多个不同的散居地，需要具体问题具体分析，不能一概而论。在此框架下，迈尔斯提出该著作的主要对象，即各式各样的散居路径（diasporic trajectories），指代"从某地迁移到特定的侨居地（包括中国和海外）这一过程中持续的、长时间段的移民模式"。第二，迈尔斯将华人散居地置于全球史框架内研究，强调了移民过程中原乡与一个或多个侨居地之间的联系性。迈尔斯进而提出了一个中心问题，如此多样化的移民路径和交织的联系是如何得到实践和维系的呢？这其中涉及哪些介质呢？针对这一问题，迈尔斯对移民过程中的社会机构和家庭展开了详尽的分析。作者的这部分论述与前人研究并无差异，大部分集中在华人宗族会馆、血缘帮派、侨乡和宗教团体、秘密社团以及在这些组织内形成的不同的华人阶级社会。

必须指出的是，迈尔斯对以家庭为单位展开的论述是该著作的一大亮点。大部分现有研究论述了移民并不是一个由个人决定，而是以家庭为单位的行为。迈尔斯的贡献在于他由家庭行为推导出移民是一个"性别化"（gendered）过程的观点。迈尔斯在每一章针对特定时期华人移民历史作论述时，都将女性移民加入讨论，探讨不同时期华人女性在移民社会的比重，担任的角色或在原乡的处境。早期以男性为主体的移民模式对传统社会的家庭和性别产生了深刻影响，分离型移民家庭的产生进一步强调了女性的贞洁，强化了封建社会的父权制。而在海外，由于缺少女性移民，男性移民更多地与当地土著妇女通婚，产生了杂糅的混血后裔。到了 20 世纪 30 年代大规模移民时期，内部和外部移民同时出现了更多的女性，例如上海制衣厂的女工，在新加坡和美国等地从事低技能工作的顺德或三水的妇女，以及高度商业化的女性服务行业。到了 50 年代，从事低技能的女工与当地受教育的华人女性参与服务公共事业这一场景并存，揭露了华人移民内部的阶级和性别的双重纠葛。当作者的时间线进一步推至 70 年代至当下，我们看到女性在移民中扮演愈发重要的角色，除了女工之外，出现了女留学生和高技术女性移民。这些性别视角更好地为我们揭示了移民中不常为人所知的日常生活经验，可以说是作者有意识地对话社会史研究中的底层人群，尤其是对女性移民的关怀。

在经过对五个世纪中国内外移民的宏大叙事构建之后，作者最终回到移民和散居地的本质概念上来，抛砖引玉地提出了一个非常关键的问题：我们是否能够获得对"华人散居地"这一概念的统一定义？进入 21 世纪，中国政府进一步将华侨华人融入中华民族的伟大复兴事业中，比如中国政府出资在全球范围内建造华侨博物馆，改造世界各地的唐人街，通过寻根节目鼓励华商回国投资，更有全球华人共同观看庆祝春节联欢晚会。在这一系列的举措之下，全球华人散居地似乎正朝着统一化路径发展，但是，作者也提醒我们，自古至今，华人散居地内部呈现的多样性和异质性仍旧会在长时间内抵制统一化趋势。而这对看似辩证的二元关系实质上是关乎我们如何定义 Chinese：是中国人，还是华人，还是华裔，抑或是华侨呢？这些词语又该在何语境中加以区分，这是作者留给大家的思考。